知的生きかた文庫

知って得する
日本語なるほど雑学

雑学おどろき学会　編著

三笠書房

はじめに

意外に知らない、そう言えば気になる日本語が満載！

日本語について語り合うことは、じつに楽しい。くつろいだ席などで、ご当人が知らずに使っている言葉の誤りなどの話になると、必ずといってよいほどその場は盛り上がる。

知ったかぶりをして使ったことわざや、スピーチなどで得意気に使われた慣用句の誤りなど、他人事ながら、赤面せずにはいられないような話も次々と披露される。

いや、他人事どころではない。なぜか誤った用法や読み方を信じ込んで使ってしまっている例は誰にでもあるのではないだろうか。

知らずに使って恥をかくよりは、やはりなるべく正しい日本語を使いたい。また、正しい日本語を知る楽しみを味わいたい。

本書は「雑学本」として読んで楽しく、ためになり、記憶に残る、また話のネタになる本づくりを目指したつもりである。

目次

はじめに
意外に知らない、そう言えば気になる日本語が満載！　3

1章 本の「さわり」とは冒頭のことじゃない？

【正しいようでやっぱりヘンな日本語】

さわり…話の冒頭のことだと思っていると話のつじつまが合わなくなる　24
やぶさかでない…できない相談にこれで答えると後で大変な目に遭うかも　25
気の置けない…油断がならないという意味で使っているならまったく逆だ　26
伸るか反るか…「乗るかそるか」ではイチかバチかの大勝負はできない　27
したり顔…知ったかぶりで「知たり顔」と思っていると恥をかく　28

二つ返事…「はいはい」と言っていればいいというものではない　28
おもむろに…「急に」の意味で使っているなら急いで改めるべし　29
口が減らない…負け惜しみや出まかせを言うことを
「口数が減らない」とは言わない　30
異存…「出す・出さない」ではなく「ある・ない」で表現せよ　31
フリーマーケット…「自由市場」ではなく「蚤の市」なのだ　32
笑みがこぼれる…「笑顔がこぼれる」？　これは笑ってすまされない誤りである　33
生真面目…気持ちが真面目だから「気真面目」と思っていては大間違い　33
完璧…語源を知っていれば「完壁」などとは絶対に書かない　34
丁字路…「T字路」と勘違いする気持ちもわかるが本当は違う　35
小春日和…春先のぽかぽか陽気の日にこの挨拶をしたら恥ずかしい　36
無手勝流…ただがむしゃらに攻めて勝つ、ということではない　37
好評さくさく…「悪評さくさく」は評判が悪いという意味だろうが、
こんな「さくさく」はない　38
さいさきがいい…「さいさきが悪い」という言い方はないのに使われている不思議　38

腹ごしらえ…腹が減っているのに「腹ごなし」するのはマズかろう 39
ぞっとしない…「ぞっとする」の否定形だと思っているなら大間違い 40
食指が動く…思わず手が出るから「食指が伸びた」と言いたくなるが、
それは間違い 41
あみだ被り…帽子を傾けて目深に被ることを言うのではない 42
毒気を抜かれる…毒気を抜かれたからといって性格は変わらない 43
網にかかる…犯人は「網の目をくぐる」ことはあっても
「網の目にかかる」ことはない 44
着の身着のまま…いま着ているもの以外に何かを持っている場合には使わない 45
たわわ…柿の実が鈴なりになっているのを「実もたわわ」とは言わない 46
腹の皮がよじれる…笑いすぎて「はらわたがよじれる」と言っては腸捻転のようだ 47
お役ご免…「役目」を丁寧に言うと「お役目」だが、「お役目ご免」とは言わない 48
タッチの差…「タッチの差で電車に間に合った」と言うのはおかしい 49

2章 「流れに棹さす」は流れに逆らうわけではない？

【決まり文句でビシッと決めたい日本語】

下手の考え休むに似たり…「下手な考え休むに似たり」では、わかったようでわからない 52
寸暇を惜しんで…「寸暇を惜しまず」勉強した人の成績は最悪だった！ 52
袖振り合うも他生の縁…「袖振り合うも多少の縁」は多少とはいえ誤りは誤り 53
玄人はだし…「あなたの芸は素人はだし」と言われて喜んでいい？ 54
雉も鳴かずば撃たれまいに…「雉も飛ばずば撃たれまいに」ではちょっと違う 55
恨み骨髄に徹す…「恨み骨髄に達す」では、恨み方が間違っている 56
風上にも置けぬ…「風下にも置けぬやつ」では、さしたる影響はない 56
怒り心頭に発する…「怒り心頭に達する」で怒りが頂点に達したと言いたいが、それは誤り 57
柳眉を逆立てる…「柳眉をつり上げる」では目がつり上がっているかのようだ 58

時宜にかなう…「時期にかなう」はタイミングが合っているようでも間違っている 59
汚名返上…「汚名挽回」では、あなたの名誉は回復できないかも 60
先鞭をつける…「先鞭を打つ」と言われてもさっぱり意味がわからない 60
斃れて後已む…「斃れて後やまず」では死ぬまでやり抜く意志の表明にはならず 61
疑心暗鬼を生ず…「疑心暗鬼を抱く」は、「疑心」から「暗鬼」が生じるのだから抱かない 62
焼けぼっ杭に火がつく…「焼けぼっ栗に火がつく」火遊びはちょっと危険 63
黒白を争う…「白黒を争う」人に知っておいてほしい、本当は白黒じゃないことを 64
渡る世間に鬼はない…「鬼ばかり」ではトラブルばかりの世間になる 65
火蓋を切る…「火蓋を切って落とす」では、何も始まらなくなってしまう 66
策士策におぼれる…「策士策に敗れる」では、策士は相手の策に負けることになる 67
逆鱗に触れる…「琴線に触れて」なぜ怒られる？ 67
横槍を入れる…「横車を入れる」を、口出しをするという意味で使ったらちょっとヘン 68
的を射た…「的を得た発言」では肝心の的を確実にハズしている 69

李下に冠を正さず…「李下に冠を正す」と覚えているならすぐ正すべき　70
鬼も十八、番茶も出花…「娘十八、番茶も出花」は先入観のなせる恥　71
蟻の這い出る隙もない…「蟻の這い入る隙もない」でいいようだが本当は逆　72
濡れ手で粟…「濡れ手に泡」ではまるでバブルから生まれた新語のようだ　73
三十六計逃げるに如かず…「三十六計逃げるが勝ち」は
「負けるが勝ち」のつもりか　74
流れに棹さす…「流れに逆らう」わけではない　74
死んで花実がなるものか…「死んで花見がなるものか」と言いたい
江戸っ子の気持ちはわかるが……　75

3章

「なさぬ仲」とはどんな意味？

【大人なら知っておきたい日本語】

忸怩たる思い…「恥ずかしい」のに「悔しい」の意味に勘違いしてはいけない　78

錦上華を添える…「枯れ木も山の賑わい」とパーティに招待するのはいかがなものか　79
すべからく…「日本人はすべからく桜の花には思いを寄せる」の恥ずかしいミス　80
押しも押されもせぬ…「押しも押されぬ」は一見正しいようで大間違い　80
進退谷まる…「進退谷まる」を「進退タニまる」と棒読みした国会議員さんがいる　81
古式ゆかしく…「古式ゆたかに」のナレーションではせっかくの伝統行事も台なしに　82
弘法も筆の誤り…「猿も木から落ちるですね」と課長に言ったらにらまれる　83
檄を飛ばす…「みんなに激を飛ばす」は、気持ちはわかるが字が違う　84
悲喜こもごも…大学入試の合格発表レポートで使ったら不適切　85
生きざま…「生きざま」は、称賛には使われない表現　86
一姫二太郎…女の子が一人、男の子が二人いることを言うのではない　87
念頭に置く…いかにも正しそうな「念頭に入れる」だが、ちょっと違う　88
白羽の矢が立つ…「白羽の矢が当たる」では、語源の的をハズしている　88
縁は異なもの味なもの…「縁は奇なもの粋なもの」は間違っていないようで間違い　89
目端が利く…機転を利かせてうまくいったことを「目鼻が利く」とは言わない　90
なさぬ仲…あのコとは不倫関係ではなく、血のつながらない親子なのだ　91

禍を転じて福となす…悪いことの後にはいいことがあるという意味ではない 92
いやがうえに…「嫌がおうでも盛り上がった」では
盛り上がるものも盛り上がらない 93
かけがえのない人…「あなたはボクにとってかけがいのない人です」とは失礼だ 94
薄紙をはぐように…「薄皮をはぐように病気が治った」ではまるでホラー映画 95
たわいない…「他愛ない」という当て字から「たあいない」と発音するが本当は違う 96
快復速やか…「病速やかですぐに退院できそう」では
医者に匙を投げられたかのよう 96
人間いたるところ青山あり…「人生いたるところ青山あり」では座がしらける 97
芳紀…「新婦は享年十九歳」では、せっかくの花嫁さんが亡き者に 98
気質…「かたぎ」か「きしつ」かで意味が違ってくる 99
五月雨…「ごがつあめを～」では風韻もとたんに大崩れ 100
十戒…「映画『じゅっかい』はよかったなあ」と述懐していては笑われる 101
九十九折…「きゅうじゅうきゅうおり」では言ってる間に年を取ってしまう 102
金のわらじ…「年上の女房は純金のわらじをはいて探せ」は恥ずかしすぎる 103

暇に飽かす…「暇にまかせて絵を描いた」という言い方は正しいようで間違い 104
旧交を温める…いくら交わりを持つといっても「旧交を交わしてくるよ」とは言わない 104
船頭多くして船、山に登る…船一艘に船頭は一人でいいとワンマン社長 105
情けは人のためならず…その人のためにならないから助けるな、の意味ではない 106
大時代…「ダイジダイなセリフ」と読んだら大間違い 107
金字塔…金色の字で書いたようなピカピカに輝く業績のことを言うのではない 108
弱冠…「弱冠三十五歳で社長に抜擢された」は拡大解釈しすぎだろう 109

4章 「滅相もございません」は間違い、正しくは？

【人前で間違ったら恥をかく敬語・丁寧語】

師事してきました…「私は十年間、先生のおそばで私淑してきました」と言われては先生も困る 112

お渡しください…「これをお子さんに差し上げてください」
と言っては親の立場がない 112
責任は負いかねます…「取り扱い不注意による故障の責任は負いかねません」
ではマズイのだ 113
力不足…「役不足ですが懸命に務めます」とは、これまたずいぶんエラそう 114
とんでもないことです…「とんでもない」は「とんでも」と「ない」には切り離せない 115
お疲れ様でした…「課長、本日はご苦労様でした」と言っては
課長はムッとするだけ 116
戻られました…「お戻りになられました」は丁寧すぎる二重敬語 117
お足を楽になさってください…「お足を楽になさってください」では
料金が安くなるみたいだ 118
えさをやる…「プードルのルルにお食事をあげる時間なんです」って
どっちがご主人様？ 119
召し上がってください…「冷めないうちにいただいてください」では
相手をへりくだらせてしまう 120

お勘定してください…「ごちそうさま、お愛想してください」と言われたら
お店の人は苦笑い　121
ご足労願えますか…「午後三時にもう一度、来ていただけますか」では
行く気にもならないかも　122
張り切っています…「念願のレストラン開店で、店長の○○君も燃えています」には
忌言葉がある　123
滅相もないことでございます…「滅相もございません」はよく使われるが誤り　124
ご清聴ありがとうございました…「ご拝聴ありがとうございました」では
最後の最後で大失態　124

5章

始まったばかりの戦いは「初戦」ではなく、何という？

【似たもの言葉に気をつけよう】

あくが強い…いくら馴染みにくい性格といっても、「悪が強い」ではない
128

けんもほろろ…「剣もほろろ」だったら剣がボロボロのありさまのようだ 128
つましい生活…「つづまやかな生活」はあっても「つつましい生活」はない 129
高みの見物…「高見の見物」は高所から見ることだから正しいように思えるが誤り 130
取りつく島がない…忙しい相手だからといって「取りつく暇もない」なんて言ってはいけない 131
前車の轍を踏む…「前者の轍を踏む」でいいようだが大きな間違いがある 132
居丈高…椅子から立ち上がって怒るから「威丈高」でいいようだが、本当は違う 133
蜿蜒長蛇の列…「延々長蛇の列」ではちっとも「長蛇」らしくない? 134
有頂天になる…「有頂点になる」では、まだまだと言われてしまうのがオチ 134
舌先三寸…あの人はいつも「口先三寸」だから信用できない、と言ってはみたものの 135
おざなり…「あの仕事、なおざりにしてしまいました」と言い訳しては後が怖い 136
一炊の夢…故事を知っていれば「一睡の夢」が間違いであることはすぐわかる 137
利いたふうなこと…「聞いたふうなことを言うな!」では相手を叱ったことにならない 138
見得を切る…「見栄を切る」では全然ポーズが決まらない 139

さばを読む…自分の年齢を実際より少なく言うから「さばを言う」は間違い　140
確信犯…悪いことだとわかっていてあえて罪を犯す者のことではない　141
先立つ不孝…遺書に「先立つ不幸をお許しください」では親も不幸すぎる　142
一堂に会する…「一同に会したイベント」と書いてはわけがわからない　142
くしの歯が欠ける…人の歯は抜けるでいいが、「くしの歯が抜ける」とは言わない　143
有卦に入る…「ウケに入る」を「受けに入る」と書いてはまったく意味が通じない　144
やらずぶったくり…「ぼったくり防止条例」があっても「やらずぼったくり」はない　145
ファストフード…手早く食べられるのだから「ファーストフード」は間違い　146
シミュレーション…発音しやすいからといって「シュミレーション」と書くのはどうか　147
緒戦…始まったばかりの戦いのことを指すなら「初戦」は間違い　148
受話器…「電話機」だから「受話機」でいいようだが、メカはそう簡単ではない　149
ダントツ…「ダントツの一位」は同じ意味の言葉を繰り返しているだけ　150
熱に浮かされる…「風邪で一晩中、熱にうなされた」は、一見正しいが間違っている　151
後生おそるべし…「後世おそるべし」は、勘違いに気づいていないからおそるべしだ　152
懐石…本来は豪華とは対極にある料理のことを言った　153

国破れて山河あり…「国敗れて山河あり、城春にして草木深し」の間違い探し 154
回答…「この件に関しての解答を待つ」では、納得できる答えは得られない 155
苦渋に満ちた…「苦汁に満ちた選択」では、むりやり苦い汁を飲まされる選択のようだ 155

6章 「牛を引く」「馬を追う」は、どこが間違い？
【言われてみれば気になる日本語】

茶道…「ちゃどう」「さどう」、どちらも正しいなんて、そんな「無茶」な！ 158
牛を追う…「牛を引く」人は牛を知らなさすぎる 159
鳥肌が立つ…感動したときにコレが立つと言う人がいるが、感動したときには立たない 160
ツボにはまる…おかしくて笑ったときに「ツボに入る」と言うが、そんな言い方はないのだ 160

十八番…部長の得意芸に「イヨッ、オハコ！」と声をかけるのも間違いではない　161
あくどい…悪いやり方には違いないが「悪どい手口」とは書かない　162
磁器…有田焼を指差して「その陶器いくら？」と言ったら店主がヘソを曲げるかも　163
最中の月…語源は同じでも「サイチュウの月」とは言わない　164
お慶び…年賀状に「新年のお喜び」とあったがどれも間違いではない　165
めでたい…「目出度い」でも「芽出度い」でもなく「愛でたい」だった　166
糸瓜…「イトウリ」と読んでは正岡子規に失礼だろう　167
あなたまかせ…まかせられるのは、キミでもなくてボクでもない　168
言わず語らず…相手が何を考えているかわからないときには使えない　169
麻姑の手…「孫の手」が正しくないなら、背中を掻くあの道具はなんと言うのだ　170
天井知らず…「キミの才能は天井知らず」という言い方はしない　171
思いのほか…「思いの他、安かった」はついやってしまいがちな書き間違い　172
会心の笑み…気持ちはわかるが「快心の笑み」という言葉はない　172
つかぬこと…いままでの話とつながった話のときには使わない　173
消化器官…「消化器管」が間違っているとすぐわかる人は相当漢字に詳しい　174

かき入れどき…「お客」や「代金」を掻き入れるのではない 175
片腹痛し…笑いすぎてわき腹が痛いから「片腹が痛い」と言うなら笑止 176
尾頭付き…「御頭付き」ではめでたくもあり、めでたくもなし 177
椀飯振る舞い…「大盤振る舞い」そのものが当て字だったとは驚きだ 178
独擅場…「独擅場」を「どくだんじょう」と読んではならない 179
相好を崩す…「ソウコウを崩す」と言っては顔はほころばない 180

7章

「生蕎麦」はナマソバでなく何と読む?

【意外に知らない日本語アレコレ】

生蕎麦…「昼飯はナマソバにしよう」と言われてもそんな食べ物はないのだが 182
脆弱…「そんなキジャクな神経で、この仕事が務まると思うのか」では意味不明 183
手のひらを返す…「きびすを返すように冷淡になった」では嘆いている感じがしない 184

小豆相場…「ショウズ相場で大儲けしよう」では間違いなく大失敗 185
秘湯…「趣味はヒユ巡りです」とは、一体どこに行っているのやら 186
八百万の神…「日本にはハッピャクマンの神がいる」とはスゴすぎる 187
首が回らない…「人間関係で首が回らないんだ」って、あなたは借金まみれ？ 188
斜に構える…「斜めに構えたやつ」では体を傾けているだけのようだ 189
手持ちぶさた…「手持ちぶたさでまいったよ」とつい言い間違ってしまうけど 190
品行方正…「男はヒンコウホウマサが一番！」と明るく言った民宿のおばさん 191
人の噂も七十五日…「人の噂も四十九日だよ」なんて言ってはバチが当たりそう 192
駑馬に鞭打つ…「老婆に鞭打ってがんばります」だと冗談にもならない 192
一言居士…「あの人はイチゲンイシだから」では何が何やらわからない 193
灰燼に帰す…「これで一切がハイジンに帰した」では何のことを言っているのかわからない 194
四阿…「公園の中にはシアがあります」は誤りかと言うとそうではない 195
大佛次郎…「横浜には美しいダイブツジロウ記念館がある」と言った人は後できっと赤面する 196

二の句が継げぬ…「先輩のあの言葉には二の句も告げられなかった」と言うが、告げなくてもよい 197
入水…「傷心のあまりのニュウスイか?」では緊迫感がないのだが 198
野に下る…「ヤにサガッた元政治家の豪遊生活」には腹が立つがちょっと違う 199

8章 「天地無用」は逆さまにしても大丈夫ってホント?

【ウッカリ間違えやすい四字熟語】

傍目八目…「はためはちもく」でもなければ「そばめはちもく」でもない 202
君子豹変…おとなしいA君がお酒を飲んだら「君子豹変」で大暴れでは困りもの 203
五里霧中…日本語は難しい、と「五里夢中」で夢うつつになっては困る 203
弱肉強食…「焼肉定食」は、四字熟語クイズ「□肉□食」の正解ではない 204
百戦錬磨…経験豊かな相手に「海千山千」と言ったらギョッとされるのがオチ 205
自画自賛…「自我自賛」でよいとは、自分をほめるのも度が過ぎやしませんか 206

言語道断…「げんごどうだん」だなんて「言語同断！」、と思ったらそれも違う 207
画竜点睛…「画竜点睛」の「竜」は、天に昇る竜であっても「りゅう」とは読まない 208
天地無用…上下逆さにしてもよいと思っていると大変なことになる 209
一蓮托生…どこまでも一緒という意味で「一連托生」としたのだろうがちょっと違う 210
興味津々…「興味深々」とは「興味深い」から生まれた四字熟語のつもりだろうか 211
温故知新…「温古知新」はかなり正解に近いが、それでも誤りは誤り 212
馬耳東風…他人の意見や忠告を聞き入れない年長者に「馬の耳に念仏」は使えない 213

本文イラスト／坂木浩子
本文DTP／株式会社 Sun Fuerza

1章

本の「さわり」とは冒頭のことじゃない？

【正しいようでやっぱりヘンな日本語】

さわり

話の冒頭のことだと思っていると話のつじつまが合わなくなる

「あの本読み終わった?」「ううん、まださわりだけ。最初の三ページくらい」

本によっては最初の三ページで難事件発生→名探偵登場→事件解決、というものもあるかもしれない。その部分がその本の山場であるなら、たった三ページであってもそこが「さわり」であることは間違いない。だとすると残りにはいったい何が……。

「**さわり**」とは、物語の山場、話の中心となる部分、聞かせどころ、見どころのことを言う。この「さわり」を、話の冒頭や導入部分、本で言えば最初の数ページと思っている人がいる。もしや「つかみ」との混同だろうか。

正しい使い方は、「この本のさわりはね、名探偵がある女性と出会うところなんだよ。で、その女性がね、じつは……」。

おっと、推理小説の「さわり」を話すときには細心の注意を。ネタを明かしてはルール違反となりかねない。

やぶさかでない

できない相談にこれで答えると後で大変な目に遭うかも

何かに誘われたとき、やや躊躇《ちゅうちょ》気味に「やぶさかではないですが」と答えている人をときどき見かける。本当は気が進まないがはっきり断るのもなんだし、ここは社交辞令的に答えておこうということのようだが、それでは「やぶさかでない」を使う意味がない。**「やぶさかでない」**は「やぶさか」の否定形。「やぶさか」は「吝か」と書き、物惜しみするさま、ケチなこと、思い切りの悪いことを言う。

　これが「やぶさかでない」になると、努力を惜しまず○○する、快く○○する、という意味に変わる。

　どこかの居酒屋の店員が「喜んで！」と客の注文に元気に答えているが、「やぶさかでない」

はまさしくそんな言葉。積極的な意志表明が込められた力強い言葉なのだから、できそうにもないことには使わないほうがいい。

気の置けない

油断がならないという意味で使っているならまったく逆だ

「Aは気の置けないやつなんだ」

この文を読んでAさんにどういう印象を持つだろうか。いい人か悪い人か、ざっくばらんな人か肩の凝る人か、つきあいやすい人かつきあいにくい人か。

「気の置けない」を否定的な意味でとらえる人が多いようで、右の例で言えば、Aさんは気が許せない人、油断がならない人、といったイヤなイメージを持つようだが、正しくは、気をつかう必要も気兼ねする必要もない人、気楽につきあえる人、だ。

思いのほか技量があってあなどりがたい、案外油断ができない、の意味の「隅に置けない」との混同だろうか。「気の置ける人」と言ったら、打ち解けられない人のことを指すが、こちらはあまり使われないようだ。

伸《の》るか反《そ》るか

「乗るかそるか」ではイチかバチかの大勝負はできない

うまくいくか失敗するかわからないが、イチかバチかやってみようというとき、「のるかそるか」と言う。「乗るかそるか」と書きたくなるが、正しくは「**伸るか反るか**」。

「伸る」は伸びること、「反る」は曲がることだ。どうやら伸びたり曲がったりする「何か」が語源になっているようだが、それは何か。

弓矢の矢の元となる竹のことだ。矢をつくるときはまず、切り出した竹を型に入れて乾燥させる。矢は少しでも曲がっていると真っ直ぐには飛ばない。ちゃんと真っ直ぐに伸びているか、反ってはいないか、矢をつくる職人さんはイチかバチかの気持ちで型から竹を取り出したという。

そこからきたのがこの「伸るか反るか」という言葉だ。「乗るかそるか」では、意味が違ってくる。新幹線の発車寸前に駆け込むのではないのだ。

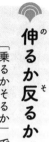

したり顔

知ったかぶりで「知たり顔」と思っていると恥をかく

「彼はいつもしたり顔で、人の話に口を挟んでくるから、いやだ」

「したり顔で得意気に説明していたけど、結局違っているんだよ」

それに同感して「そうそう」と相槌《あいづち》を打つ。よくありそうな場面だが、彼へのこの批判、適切ではない。この間違いは、「したり顔」が「知ったり顔」と解釈されて、知ったかぶりをしている様子のことだと思ってしまう誤解からくる。

「**したり顔**」の「したり」とは、「為《な》したり」という意味で、「したり顔」はうまくやったと言わんばかりの得意気な顔のこと。「してやったり!」の顔なのだ。

二つ返事

「はいはい」と言っていればいいというものではない

「町内会の仕事をみんなで分担することになった。お隣さんへも頼みに行ったら、隣のおじいさんは『はい、いいですよ』と一つ返事ですぐに引き受けてくれた」

断られるかな、なかなか承諾してくれないかな、と心配していたら、意外にも快くすぐに引き受けてくれた。即、承諾だったからといって、これを「一つ返事で引き受けた」とは言わない。

快く承知すること、ためらうことなくすぐ承諾することを「**二つ返事**」と言う。「はいはい」と調子よく重ねた返事だ。「二つ返事で引き受ける」というように使う。

もっとも、作法のうるさい人に向かって「はいはい」と返事を重ねると、「返事は一つ」と小言を言われるかもしれない。

おもむろに

「急に」の意味で使っているなら急いで改めるべし

「私はおもむろに歩き出した」というときの「**おもむろに**」。この言葉を、唐突に、急に、突然に、といった意味で使っている人を最近よく見かける。「おもむろに」は漢字で書くと「徐に」。「徐行」の「徐」、「徐々に」の「徐」で、ある行為をゆっくりと行なうことを言う。本来の意味はまったく逆なのだ。

「おもむろに」と同じ意味の言葉に「やおら」があるが、こちらも同様の解釈をして使っているケースが見られる。日進月歩ならぬ秒進分歩の忙《せわ》しない時代の反映だろうか、とくに若い世代に多い誤用。「突然に」の意味で言い直すなら、「私はやにわに歩き出した」となる。

口が減らない

負け惜しみや出まかせを言うことを「口数が減らない」とは言わない

議論になると、負け惜しみや理屈を言い募ったり、何かにつけて言いたい放題を言う人が世の中にはいる。聞いていると、まあじつに口が達者で口数が多い。口数を少なくしろ、あまりへ理屈を言うなと、つい「口数が減らないやつだ」と罵倒すると、この間違いを指摘されて、また反撃されるかもしれない。

言いこめられてもあれこれと理屈を並べて言い返すことを、「口が減らない」「**減ら**

ず口」と言う。減らないのは言葉数ではなく、「口」なのだ。タフな口だ。

ちなみに「口数を」と言いかけたら、「少なくしろ」と続けるとよい。「口数」、つまり数だから「多い」「少ない」で形容する。

異存
「出す・出さない」ではなく「ある・ない」で表現せよ

「会議で出席者から激しい反発を予想したが、異存は出なかった」「異存を出す者は誰もいなかった」

会議の後で、様子を聞かれ、こう答えたことはないだろうか。「**異存**」とは、不服なこと、人とは異なる考えのこと。「ある」か「ない」で表現するのが適当で、「出す」「出さない」という表現はふさわしくない。

「異存が出る」という言い方は、「異存」を「異議」と混同しているからのようだ。「異議」は反対意見のことで、「異議」の場合は「出す」という動詞も使う。「異存があった人から異議が出された（または、異議が唱えられた）」となる。つまり、胸に収めているうちは「異存」で、それを外に発表するときは「異議」になると考えればよい。

フリーマーケット

「自由市場」ではなく「蚤《のみ》の市」なのだ

休日によく見かける「**フリーマーケット**」を「自由市場《いちば》」のことだと信じている人は多い。どこで売ってもいいし、何を売ってもいいし、いくらで売ってもいいのだから、まさに「フリー」というわけだ。しかし、この「フリー」は英語にすると「free」ではなく「flea」だ。後者の「フリー」は「蚤」のこと。つまり、「自由市場」ではなく「蚤の市」というのが正しい。

ちなみに、酒場にくる初めての客を「フリーの客」と言う人がいるか、これは「自由」でも「蚤」でもない。正しくは「振り（通りすがり）の客」であり、堂々たる日本語である。

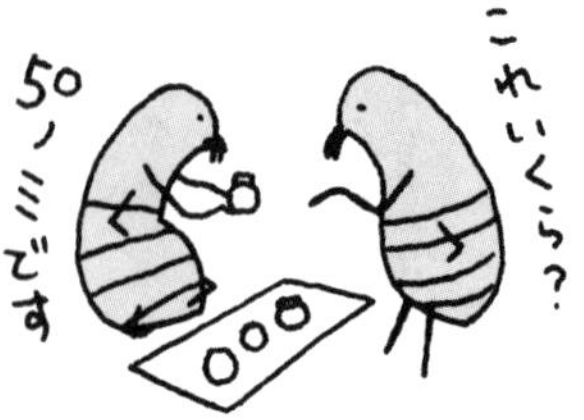

笑みがこぼれる

「笑顔がこぼれる」？　これは笑ってすまされない誤りである

「笑顔がこぼれる」はテレビのレポーターやアナウンサーもよく間違える表現。「こぼれるような笑顔でした」などと言ったりもする。「顔」がこぼれては困るのだ。本来、内にあるものが外に出てしまうのが「こぼれる」。「笑み」がこぼれて「笑顔」になるのだ。正しくは「**笑みがこぼれる**」。これとちょっと似た例に「お湯を沸かす」がある。もちろん「水を沸かしてお湯にする」わけだが、このへんのことをあまりこと細かに言い立てると揚げ足取りが趣味の人間と思われかねない。

生真面目《きまじめ》

気持ちが真面目だから「気真面目」と思っていては大間違い

非常に真面目なことを「**生真面目**」と言う。これを「気真面目」と誤って書く人も多い。たしかに、「真面目」なのは「気」や「気持ち」のような気がする。「気」と書いてしまう気持ちもわからないではない。しかし「気真面目」という言葉はない。「生真面目」の「生」は、「生糸《きいと》」「生一本《きいっぽん》」「生娘《きむすめ》」などの「生」と同じで、混じりけがないこと、手を加えてないこと、純粋なことを意味する。「生真面目」は純粋にとても真面目なことを言うが、真面目すぎて融通が利かないという意味でもよく使われる。

完璧《かんぺき》
語源を知っていれば「完璧」などとは絶対に書かない

「カンペキ」の「ペキ」は「壁」ではなく「璧」である。「土」ではなく「玉」であるからこそ「**完璧**」という言葉になる。「璧」とは、環状の平たい大玉や、玉《ぎょく》の通称で、つまり、形よく、傷一つない宝玉《ほうぎょく》を「完璧」というので、これが「壁」では困る。「壁」では土でできた玉ということになり、これではニセ玉だ。

もう一つ、「双璧《そうへき》」ももちろん「壁」ではなく「璧」。これは優劣をつけがたい「一対の玉」の意からきている。二つの立派な「璧」が立っているわけではないのだ。語源を知ってしまえば間違えない語。

丁字路《ていじろ》

「丁字路」と勘違いする気持ちもわかるが本当は違う

英語と日本語を比べて、字形も発音も似ているのが「T」と甲《こう》・乙《おつ》・丙《へい》・丁《てい》の「丁」だ。形になぞらえてネーミングされたのが「Tシャツ」で、こちらは英語。同じく、形になぞらえて名づけられたのが「**丁字路**」で、こちらは日本語だ。ちなみに「十字路」も同じ感覚で名づけられたわけだ。

ところが、「丁字路」を英語だと思っている人もいて、「ティージロ」と発音する。「Tではなくて丁だ」と声を大にして言いたくもなるが、「T」でも「丁」でも、もともとの形が似ているのだから日常生活に支障はない。

こうなると「丁シャツ」でもいいと思えてくるから困る。ちなみに「Yシャツ」も、襟の形になぞらえてネーミングされたものと思われがちだが、これは英語の「ホワイト・シャツ」の聞き間違いからきたものである。

小春日和《こはるびより》

春先のぽかぽか陽気の日にこの挨拶をしたら恥ずかしい

春先のぽかぽかと暖かい日、「今日は小春日和ですね」と挨拶したら、相手はちょっと返事に困る。土筆《つくし》も伸びそうな暖かな日、小さな春を見つけた気がして「小春」だと思うのは、気持ちはわかるが、残念ながら誤解。

「小春」は陰暦の十月、いまで言えば十一月にあたる。本格的な冬に入る前のこのころ、暖かな春のような日がしばらく続くので「**小春日和**」と言う。

同じような表現に「竹の秋」がある。春先に竹林に行くと、風のそよぎとともに黄色くなった葉が音を立てて落ちてくる。その様子を「竹の秋」と言ったのだが、もちろん季節は春である。「小春日和」も「竹の秋」も、その季節とは別の季節を表すことにより、季節の奥行きを感じさせる。日本語の魅力の一つである。

無手勝流《むてかつりゅう》
ただがむしゃらに攻めて勝つ、ということではない

これは剣豪の塚原卜伝《つかはらぼくでん》が船で川を渡っているときに真剣での勝負を挑まれ、「それでは、あの中州で」と、相手を先にその中州に降ろし、自分は船に乗ったまま中州を離れてしまう。卜伝は、「戦わずして勝つ。これが無手勝流だ」とつぶやく。手（剣）を使わずに勝つ、つまり、頭で勝負するというのが「**無手勝流**」の本来の意味だ。

ところが、この「無手勝流」を、「無茶な手を使って勝つ」と解釈するのか、「オレのケンカは、ただがむしゃらに力まかせにがんがんとやっつける無手勝流だ。それがオレのやり方だ」と得意そうにケンカ自慢をする人もいる。

最近はこのような意味でも使われているようだが、本来はすでに述べたとおりの意味。剣豪にも街のチンピラにも使える不思議な言葉となった。

好評さくさく

「悪評さくさく」は評判が悪いという意味だろうが、こんな「さくさく」はない

「さくさく（嘖々）」という言葉はしばらく忘れられていたが、最近、ごくまれに耳にすることがある。しかし、気になるのはその使い方である。

「悪評さくさく」と皆の評判が悪いときに使っている。もともと、「さくさく」とは「たくさんの人が口々にほめそやす」ことを言ったもので、「**好評さくさく**」「**評判さくさく**」と使う。それが、よみがえったいまではまったく逆に使われているのは、わざとなのか知らないからなのか。わざとなら本来の意味など関係ないということだからいいが、知らないのなら「好評さくさく」と使うべきだろう。

さいさきがいい

「さいさきが悪い」という言い方はないのに使われている不思議

新規開店の初日、客の数が予想以下だったときに「さいさきが悪い」と言ったりする。このように言うときは、「さいさき」を何かの「まえぶれ」といった意味に使っているようだ。「さいさき」は漢字で書くと「幸先」である。出勤前に飲んだお茶に茶柱が立っているのを見て「今日は**さいさきがいいな**」と言うように、本来、いいまえぶれのときに使う言葉だ。

最近はこのような「いい」「悪い」の垣根を超えた使い方が目立つ。×小気味悪い→○小気味いい、×気色いい→○気色悪い、×薄気味いい→○薄気味悪い、など。

腹ごしらえ

腹が減っているのに「腹ごなし」するのはマズかろう

「腹が減っては戦さはできぬだ。残業の前に腹ごなししようぜ」

お腹がすいているのに「腹ごなし」とはこれいかに。「腹ごなし」は、食べすぎたときなどに食べたものを消化させるために体を動かすことだ。漢字では「腹熟し」と書く。腹が減ったら「**腹ごしらえ**」をする。漢字にすると「腹拵え」。食事をすること、仕事などに備えて食事をすませておくことだ。「腹を拵える」とも言う。

「夜中なんだから満腹になるまで食べるなよ。腹も身の内《うち》って言うだろ」

「腹も身の内」は、腹も体の一部だから食べすぎ飲みすぎは慎め、という戒《いまし》めの言葉。

「腹八分」という言葉もあるが、「ケーキは別腹よ」などとセーブの利かない人もいる。

また、満腹にならないと眠れないという人もいる。就寝前の腹ごしらえをするわけだが、腹がふくれると身も瞼《まぶた》も重くなり、すぐに眠れるのだそうだ。

ぞっとしない

「ぞっとする」の否定形だと思っているなら大間違い

Aさん「あの前評判のよかった映画、この間観たけれど、あまりぞっとしないね」

Bさん「ホラー映画じゃないからね。怖くはないけれど、面白かったでしょう」

この会話、観た映画の感想がかみ合っていないようだ。

Bさんは「ぞっとしない」をあまり怖くなかったという意味に取っているようだが、

「**ぞっとしない**」は慣用句で、それほど感心したり面白いと思ったりするほどでもない、という意味だ。「ぞっとする」の否定形で怖さが足りない、あまり怖くないという意味ではない。Bさんが誤解したままだと話が混乱する。

食指が動く

思わず手が出るから「食指が伸びた」と言いたくなるが、それは間違い

「先日のパーティのバイキング料理は、じつに豪勢で、思わず食指が伸びたよ」

おいしそうな料理を目の前にして、思わず手が伸びたことを「食指が伸びた」という言い方で表現したつもりならば大間違い。また、食欲が起こることを言いたいときも、「食指が伸びる」ではない。食欲が起こることは「**食指が動く**」という。これは『春秋左氏伝』の故事によるもので、鄭《てい》の公子宋が自分の食指（人差し指）が動くのを見て、ごちそうにありつく前兆だと言ったということからこう言う。

また、食欲が起こることから転じて、興味・関心を持つこと、してみたい気持ちが起こることも言う。また、「触手を伸ばす」という言い方があるが、これは野心を抱いて徐々に行動に移すこと、自分のものにしようとして近づくことだ。

あみだ被り

帽子を傾けて目深に被ることを言うのではない

「向こうから会いたくない人が来たから、帽子をあみだに被って顔を隠した」

こう聞くと、帽子を前にずらして顔を隠したのだなとつい納得しそうだが、じつはあみだに被っても、顔は隠せない。

帽子も被り方でいろいろな表情ができる。高校生のころ、ちょうど都合の悪いときに向こうから先生がやって来たので、思わず帽子を前に傾けて被った、なんていう経験もあるかもしれない。帽子を目深に傾けて被ることを「あみだに被る」、「あみだ被り」と思っていないだろうか。

「**あみだ被り**」は「阿弥陀被り」と書き、阿弥陀仏が光背《こうはい》を負うように、帽子などを後頭部に

傾けて被ることを言う。帽子を前に傾けて被るのは「あみだ被り」とは逆の被り方で、いわば「目深に被る」か。

毒気《どくけ》を抜かれる

毒気を抜かれたからといって性格は変わらない

「平次は、和尚《おしょう》に毒気を抜かれ、おのれを省みる慎み深い人物になった」

平次は和尚の人格に感化され、性格のよい善人になったと言いたいところだろうが、惜しいことに「毒気を抜かれ」ても、こうはならない。

「毒気（どっけ・どっき）」は、他人の気持ちを傷つけるような感情、悪意を言う。「毒気に当てられる」というと、相手のずうずうしい人を食ったような言動に唖然《あぜん》としたり、意気沮喪《そそう》したりすること。

また、「**毒気を抜かれる**」は、相手をやり込めようと意気込んでいた気持ちが、相手に意表をつかれた出方をされたために拍子抜けしておとなしくなることを言う。

先の例では、「平次は、和尚に毒気を抜かれ」とあるので、平次は和尚をやり込めようとしていたが、和尚が平次の気負いをそぐ出方をしたので、拍子抜けしておとなしくなった、というところ。

網にかかる

犯人は「網の目をくぐる」ことはあっても「網の目にかかる」ことはない

世の中には、悪事を働きながら、法律や取り締まりの規制にかからないことをする人がいる。これは「網の目をくぐる」と言う。

「網」は、鳥や魚などを捕まえるのに使う道具だが、人や物を捕まえるために張りめぐらせたものにも比喩的に使う。「捜査の網を張る」「規制の網をかける」などと言う。

また、「網の目」とはご存じのとおり、本来、編まれた網の糸と糸の隙間のことだ。「網の目をくぐる」とは、悪事を働いても、取り締まりの網にかからないことのたとえに言う。取り締まる側の緻密な捜査で犯人が捕まると、「捜査の**網にかかる**」と言うが、「捜査の網の目にかかる」とは言わない。緻密な捜査を逃げ回ると「捜査の網の目をくぐる」と言う。

着の身着のまま

いま着ているもの以外に何かを持っている場合には使わない

「夜中の二時ごろ、火事だ、という叫び声と火災報知器の音に起こされて、着の身着のまま家の外に飛び出した」

寝巻きを着たまま外へ飛び出したことをこのように言ったのだろう。しかし、「着の身着のまま」を、着替えないでそのままの姿で、という意味に使うのは本来は誤りである。

「着の身着のまま」は、いま着ているものの他には何も持っていないことを言う。「着たきりすずめ」と洒落《しゃれ》で言う場合もある。寝巻きのまま飛び出しても、家に戻れば着替えも財産もあるという場合にこの言葉を使うのは本来不適切で、焼け出されてしまって、着ているもの以外に何もなくなってしまった場合ならば言える。

先の例で言うと、着たままの姿でという意味ならば、「寝巻きを着たままで」「寝巻きのままで」くらいが適切。

たわわ

柿の実が鈴なりになっているのを「実もたわわ」とは言わない

柿くへば鐘が鳴るなり法隆寺

正岡子規の有名なこの句には「法隆寺の茶店に憩《いこ》ひて」と前書が添えられている。

深まる秋の一句だ。子規は「くだもの」という随筆に柿のことを書いている。奈良に三日ほど滞在したとき、宿屋で御所柿《ごしょがき》を出してもらった。柿好きの子規はむいてもらった柿を喜んで食べ、うっとりしていると、東大寺の大釣鐘がボーンと鳴ったとある。けれども句は結局、東大寺ではなく、法隆寺となった。古都奈良で、柿が枝

もたわわになっているのを見て、子規は非常にうれしがった。

ところで「**たわわ**」というと、「実もたわわ」とよく勘違いされるが、実がたくさんあることが「たわわ」ではない。たくさんの実で枝がしなっていることが「たわわ」である。「たわわ」は「撓」と書く。

腹の皮がよじれる

笑いすぎて「はらわたがよじれる」と言っては腸捻転《ねんてん》のようだ

「あの二人のコントは、おかしくておかしくて、腸《はらわた》がよじれたよ」

「腹」や「腸」を使った慣用句もじつに多い。おかしくてたまらず笑い転げるとき、これを「腸がよじれる」と言っては、腸捻転になってしまったのかと心配する。正しくは「**腹の皮がよじれる**」「**腹の皮を縒《よ》る**」、または「**腹をよじる**」と言う。他に「腹」を使って笑いを表す言葉には、「腹を抱える」なども ある。

「腸」を使った慣用句には、「腸がちぎれる」「腸が腐る」「腸が煮えくり返る」などがあるが、「腸」はここでは、心、性根などの意味。

「腸がちぎれる」は悲しみやつらさに耐えられないことを言い、いわゆる「断腸の思い」というもの。「腸が腐る」は精神が堕落すること、「腸が煮えくり返る・煮え返る」は腹が立って怒りを堪《こら》えることができないことを言う。

お役ご免

「役目」を丁寧に言うと「お役目」だが、「お役目ご免」とは言わない

「トラブル続きのあの会社の社長も、ついにお役目ご免になった」

大企業の不祥事が続いて困ったものだ。しかし、この「お役目ご免」も少々困る。

全体の中で割り当てられ受け持っている仕事や、果たしている任務を「役」と言い、「役」として務めなければならないことを「役目」と言う。「お役」は「役目」を丁寧に言う「お役目」の略だが、免職に

なったり、役目から解放されることを言うときには「**お役ご免**」と言い、「お役目ご免」とは言わない。

仕事の役割を外され、「お役ご免」になるのは寂しい気持ちのするものだが、この「お役ご免」には、役目から解放されるという意味から転じて、古くなったり不用になったものを処分する意味もある。長年愛用したコートが傷んでしまったのでリサイクルに出すことにしたとき、愛着を込めて「このコートも、もうお役ご免ね」などと言う。

タッチの差

「タッチの差で電車に間に合った」と言うのはおかしい

「タッチの差」は競泳のゴールやターンのときに使われる。

どんな状況かはオリンピックのテレビ中継を思い出せばわかる。競り合ってほとんど同時にゴールしたように見えた泳者の一人が、わずかに遅かったとき、「タッチの差」で二位と言う。また、折り返しのターンではほとんど同時に見えたが、「タッチの差」で遅れたというように使う。

このように、「**タッチの差**」は、ほんのわずかだが「遅れた」ことを表している。だから、いつもの電車に間に合ったとき、「タッチの差」を使うのはおかしい。遅れたときに「タッチの差で乗れなかった」と使うなら正しい。乗れたのなら「ギリギリ間に合った」、であろう。

2章

「流れに棹さす」は流れに逆らうわけではない？

【決まり文句でビシッと決めたい日本語】

下手の考え休むに似たり

「下手な考え休むに似たり」では、わかったようでわからない

役に立たない考えのことを「下手な考え」と勘違いして使っている人は案外多い。しかし、それだと「休むに似たり」の意味がうまくつながらない。

ものごとに巧《たく》みでないこと、不器用なこと、またはそういう人を「下手」と言い、「**下手の考え休むに似たり**」で、そんな人がいくら考えても時間のムダであるというのが本来の意味。考えに知恵がないのではなく、よい知恵のない者が考えをめぐらせることが時間のムダというのだから辛辣《しんらつ》な言い回しである。

寸暇《すんか》を惜しんで

「寸暇を惜しまず」勉強した人の成績は最悪だった！

「寸暇を惜しまず勉強した」と言う人は、「ほんのちょっとの時間（寸暇）も惜しむ

ことなく勉強」したのだから試験はうまくいくと思っているのだろう。しかし、ちょっと考えればわかるが、わずかな時間すら大切にしながら勉強したのなら「**寸暇を惜しんで**」と言うべきである。「寸暇を惜しまず」では、少しくらいの時間はほどほどにして、という意味になる。

このように逆の意味の言葉を取り違えて使うのは、似た言い回しを覚えていて、勝手に当てはめることから起こる。この場合は、「骨身《ほねみ》を惜しまず」とか「苦労を厭《いと》わず」から転用したのであろう。

袖《そで》振り合うも他《た》生《しょう》の縁

「袖振り合うも多少の縁」は多少とはいえ誤りは誤り

「袖振り合うも多少の縁」はどこが誤りなのか。これは「多少の縁」がいけない。「多少」ではなく「他生」、つまり、前世からの因縁ということで、「**袖振り合うも他生の縁**」の全体の意味は「ちょっとした出来事もすべて偶然ではなく、前世からの因縁によるもの」となる。

ちょっと専門的になるが、「他生」は仏教用語で、「今生《こんじょう》」（いま生きているこの世）に対する言葉。自分が生まれる前の生と、これから生まれ変わる次の世のことを言う。かつての人は、人の生まれ変わりを信じ、こんな言葉も生まれたというわけだ。何度も生まれ変わるということから「多生の縁」とも書く。

玄人《くろうと》はだし

「あなたの芸は素人《しろうと》はだし」と言われて喜んでいい？

その道のプロ（玄人）もはだしで逃げ出すほどの技術の持ち主を「**玄人はだし**」と言う。だから、もちろん「素人はだし」ではまずい。素人もはだしで逃げ出す芸、となると、見てつらく、聞くに耐えないほどひどい芸、ということになるのだろうか。

落語の「寝床」では、義太夫《ぎだゆう》語りが道楽という大家さんが出てくるが、これがはた迷惑な芸で、日ごろ世話になっている店子《たなこ》も何かと理由をつけてはその席から逃げ出すという類《たぐい》のもの。こういう場合はわざと「大家さんの義太夫はもう素人はだしだ」と嫌味の一つを言ってやるのも薬になるかもしれない。

雉《きじ》も鳴かずば撃たれまいに

「雉も飛ばずば撃たれまいに」ではちょっと違う

じっとしていれば無事であったものを、自ら何か事を起こしたために害を呼び込むことを「**雉も鳴かずば撃たれまいに**」と言う。これを「雉も飛ばずば」とよく誤る。雉は「ケーン」と甲高い声で鳴く鳥である。林の中にじっとひそんでいればいいものを、その声で鳴いたために猟師に居場所を自ら告げることになり撃たれてしまう、ということだ。

鳥といえば、「立つ鳥跡を濁さず」もつい「飛ぶ鳥」と言いたくもなろうが、本来は「立つ鳥」なのだ。

立ち去るときは、跡を見苦しくないように、ちゃんと始末をすべきであるという意味。都会のカラスにも言ってやりたいものだ。

恨み骨髄《こつずい》に徹す

「恨み骨髄に達す」では、恨み方が間違っている

つい「恨み骨髄に達す」と言いたくなるが、正しくは「**恨み骨髄に徹す**」。これは相手を徹頭徹尾《てっとうてつび》恨み尽くすことだから「徹す」となる。それを「骨髄に達す」と誤ってしまうのは、「恨む気持ちが骨や髄にまで到達するほど」と思い込んでしまうからではないだろうか。

皆がよく誤る言葉には、どこかに人を誤って思い込ませるワナがある。といっても、言葉自体がワナを仕掛けるのではなくて、こちらが勝手にそう思い込んでしまうだけなのだが。

風上にも置けぬ

「風下にも置けぬやつ」では、さしたる影響はない

仲間に入れておけないほど劣悪な人間を「**風上にも置けぬやつ**」と言う。風上にそんな卑劣な人間がいれば、その悪臭の他、何かと害をこうむることになるからだ。

これが「風下」であれば、さしたる悪影響は及ばぬというものだろう。これは「上・下」の誤り。

これに対し「左・右」の誤りというのもある。周りの中でもっとも優秀の意の「右に出る者がいない」を「左に出る者がいない」と間違えて、「この分野でA君の左に出る者はいない」と言っては、誰もがA君より優秀、ということになってしまう。言われたA君は、きっと落ち着かない気分になるだろう。

怒り心頭《しんとう》に発する

「怒り心頭に達する」で怒りが頂点に達したと言いたいが、それは誤り

たとえばある人の言い方に激しく怒ったとする。するとつい、「あの言い方には、本当に怒り心頭に達した」と言いがち。気持ちはわかるが間違っている。正しくは「**怒り心頭に発する**」である。この間違いは、「心頭」が心と頭、あるいは心のてっぺん、体のてっぺんと解釈して、そこまで怒りが上っていき、ついに怒りを爆発させたとイメージすることから起こるのだろう。

じつは「心頭」というのは、心の中や念頭、胸のうちを言う。「発する」は外へ表れる、生じること。だから「怒り心頭に発する」は、激しく怒ることを意味する。**「怒り心頭におこる」**とも言うが、「怒り心頭に達する」とは言わない。

柳眉《りゅうび》を逆立てる

「柳眉をつり上げる」では目がつり上がっているかのようだ

「朝の電車のボックス席で、向かいの女性が化粧を始めたので注意したら、手鏡の向こうから『柳眉をつり上げた』顔が現れてびっくりした」と電車でサラリーマンが世間話をしている。化粧の途中だから、描きかけの眉がつり上がって迫力があったのか。

「柳眉」は眉が細くて柳の葉のように美しいこと、美人の眉のことで、その美しい眉が怒りで立つのを「**柳眉を逆立てる**」と言う。

「その一言で彼女は柳眉を逆立てた」と使い、女性が激しく怒る様子を表す。怒りで目をつり上げる女性もいるだろうが、「柳眉をつり上げる」とは言わない。眉の様子で怒りを表す慣用句だが、描いた眉も含まれるのかどうかは定かでない。

時宜《じぎ》にかなう

「時期にかなう」はタイミングが合っているようでも間違っている

「大ヒットしたあの企画は時期にかなっていた」

ちょうどいい時期の企画だったので、大ヒットになったと言いたいのだろうが、この言い方、少しおかしい。企画を出したときの状況や状態、条件など、そのときの背景も成功の要因になっているという意味で言う場合は「**時宜にかなう**」と使うべきだ。「時宜」はちょうどいい時期、またはその判断を言う。他に「時宜を得る」といった使い方がある。

「時」に関する言葉は他にもある。「時期」は何かをするとき、期間、季節。「時機《じき》」は適当な機会、チャンス。「時機到来」「時機を失う」などと使う。「時機に投ずる」は適当な機会をうまく利用するという意味の慣用句だ。「時季《じき》」は季節の意味だ。

汚名返上

「汚名挽回」では、あなたの名誉は回復できないかも

汚名と名誉、オメイとメイヨ、なんとなく音が似ている。「名誉挽回」という言葉も頭の中に定着しているので、つい混乱して「汚名挽回」と言ってしまいそうになるが、これは誤りだ。もちろん一般的には「挽回」するのは「名誉」、「汚名」の場合は「返上」となる。「汚名をすすぐ」わけだ。

ところで、「汚名をすすぐ」の「すすぐ」は「雪ぐ」と書くのはご存じ？　ちょっと特殊な表記とも言える。知っていればあなたの「日本語力不足」の「**汚名返上**」になるかもしれない。

先鞭《せんべん》をつける

「先鞭を打つ」と言われてもさっぱり意味がわからない

「彼はこの分野で先鞭を打って大成功した」

誰も着手していない分野で、いち早く市場を開拓するのは成功への道だが、そうやって成功した彼を「先鞭を打って成功した」と評するのは不適切だ。人に先んじてものごとに着手することを「先鞭」というが、普通「**先鞭をつける**」と使う。

「先鞭」は、『晋書《しんしょ》（劉琨伝《りゅうこんでん》）』の故事、つまり友人の祖逖《そてき》が自分より先に馬に鞭《むち》打って走らせ、名をあげるのではないかと、劉琨が心配したということからきている。

「鞭を打つ」や「先手を打つ」という言葉があるので、「先鞭を打つ」と誤りそうだが、「先鞭」の場合「先鞭をつける」と言うのが普通である。

◆ 斃《たお》れて後已《のちや》む

「斃れて後やまず」では死ぬまでやり抜く意志の表明にはならず

「この件については、努力をし続ける。失敗しても、また挑戦する。死ぬまでやり続ける。斃れて後やまずだよ」

気力みなぎる意志の表明だが、「斃れて後やまず」では残念なことにおかしい。

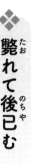

「**斃れて後已む**」が正解。「斃れる」は力尽きて死ぬこと、「已む」はものごとが落着すること。「斃れて後已む」は、死ぬまで懸命に努力して、途中ではやめない、死ぬまでやり抜くことを言う。儒学の経書「五経《ごきょう》」の一つ『礼記《らいき》』に由来する言葉だ。「斃れて後やまず」は、死んでもなおやり続けるという強い意志があると言いたいところなのだろう。気持ちはわかるが、残念ながら誤り。

疑心暗鬼を生《しょう》ず

「疑心暗鬼を抱く」は、「疑心」から「暗鬼」が生じるのだから抱かない

一度空き巣狙いに入られると、道行く人がみんな泥棒に見えてくる。そんな気持ちになることを「疑心暗鬼」と言うが、この言葉は本来、「疑心」から「暗鬼」が生じるということだから「**疑心暗鬼を生ず**」が正しい。

「暗鬼」とは「暗闇の中に見える亡霊」のこと。いったん疑いの心を持つと、何もない暗闇の中に亡霊が見えてしまうように、何もかもが疑わしく思えてくる。「疑心暗鬼」を単に「疑い」のことと受け取ると、「疑いを抱く」と同様「疑心暗鬼を抱く」

と間違えてしまう。「疑心が暗鬼を生ずる」には、心の微妙な動きを考察する心理学的視点が含まれていることを忘れてはならない。

焼けぼっ杭《くい》に火がつく

「焼けぼっ栗に火がつく」火遊びはちょっと危険

これは似音誤りの例。「焼けぼっ栗」と「焼けぼっ杭《くい》」。ま、よく似ている。しかし「焼けぼっ杭」は、焚《た》き火などで杭などを燃やしたときに、一度火が消えてしまったと見えたのにまた燃え出すことを言う。それを人の心にたとえて、「あの二人、**焼けぼっ杭に火がついた**みたいで、このごろまた会っている」などと使うのはご存じのとおり。

「焼けぼっ杭」だから、「またあの二人」となるのだが、これが「焼けた松ぼっくり」ならまだしも、「焼けぼっ栗」に火、となると、ちょっ

と危険だ。焼けた栗はよくバチン！　と爆《は》ぜるからだ。「火中の栗を拾う」という言葉もあるように。

「焼けぼっ栗」に火はくれぐれも注意したい。「火遊び」は危険がともなうのだ。

黒白《こくびゃく》を争う

「白黒を争う」人に知っておいてほしい、本当は白黒じゃないことを

お化け番組といわれる「水戸黄門」の視聴率が落ちなかったのは、日本人の何事につけ善悪をはっきりさせ、悪を懲《こ》らしめなければ気がすまない性格に合っていたからだと言われる。善悪をはっきりさせることをよく「白黒をつける」「白黒を争う」と言う。白か黒かはっきりさせるのだからわかりやすいが、これは本来、**「黒白をつける」**「**黒白を争う**」が正しい。

「雌雄《しゆう》」「左右」「上下」など対になる言葉は順番が決まっており、「雄雌」「右左」「下上」と逆にはしない。

「黒白」もこれらの仲間だから「白黒」ではおかしい。意味は同じだから「白黒」で

も構わないという考えもあるが、やはり「黒白」と言ったほうが決まる。

渡る世間に鬼はない

「鬼ばかり」ではトラブルばかりの世間になる

『渡る世間は鬼ばかり』というテレビ番組、視聴率も高かったそうだ。テレビが人々に与えた影響は大きく、これが正しい言い回しと信じて疑わない人も多い。三十年近くも続いたのだから、「刷り込み」状態になっているのか。

本当は「**渡る世間に鬼はない**」であり、世間は厳しいものだが慈悲《じひ》の心の深い人もいるという意味だ。「鬼ばかり」では、慈悲の心のない人ばかりで、世間は無情だということになってしまう。

ちなみに、このテレビ番組の登場人物は、みんな仏様のような「いい人」ばかりで、相手のことを気遣うあまりに意思の疎通がうまくいかず、ああでもないこうでもないと悩んでいる。「渡る世間は気遣いばかり」というのが、現実なのかもしれない。

火蓋《ひぶた》を切る

「火蓋を切って落とす」では、何も始まらなくなってしまう

「いよいよ試合の当日となり、熱戦の火蓋が切って落とされた」と、ある小説の一節にあった。読み飛ばせば気がつかないが、「火蓋が切って落とされる」は間違い。

ここは「火蓋が切られた」である。「火蓋」とは戦国時代の合戦で使われた火縄銃の火皿《ひざら》の蓋。この蓋を開けて火をつけることが「**火蓋を切る**」だから、いよいよ合戦が始まることになる。そこから運動会や競技大会で試合が始まることを意味するようになった。

火蓋は火皿の蓋だから、これを切って落としてしまっては銃を壊すことになる。大会の「幕が切って落とされた」という言い方と同じつもりで「火蓋が切って落とされた」と言ってしまったのだろう。

策士策におぼれる

「策士策に敗れる」では、策士は相手の策に負けることになる

駆け引きの巧みな知恵者もたまに失敗することがある。政治家を取り込み、入札に成功したものの、後で汚職事件に巻き込まれるといった類である。

そんなとき、周囲は「**策士策におぼれる**」と言う。策士であるがゆえ「自分の策におぼれ、引くことができなかった」と自戒を込めて批判するのである。策士が敗者となるのだから「敗れる」が浮かぶが、それでは相手の策に敗れたように聞こえる。自分の策が原因なのだから「おぼれる」でなければならない。

逆鱗《げきりん》に触れる

「琴線に触れて」なぜ怒られる？

「先生の琴線《きんせん》に触れることをして、大いに怒られた」

「琴線に触れる」ことをして、先生に怒られるとはおかしな話だ。「琴線」とは、心の奥に秘められた、感動する微妙な心情のこと。外界の事物に触れて、さまざまな思いを起こす心の動きを、琴《こと》の糸にたとえたもの。琴の糸に触れて響かせるように感動させることを「琴線に触れる」と言う。

琴線に触れても、先生は怒らないだろう。目上の人の激しい怒りを買うことは、「**逆鱗に触れる**」と言う。「逆鱗」とは竜のあごの下にある逆さに生えた鱗《うろこ》のことで、人がこれに触れると竜が大いに怒るという伝説から、目上の人の激しい怒りのことを言う。

横槍《よこやり》を入れる

「横車を入れる」を、口出しをするという意味で使ったらちょっとヘン

「あの人がいると必ず話に横車を入れるので会議が前に進まない」というのはちょっとヘン。

「横車」の出てくる慣用句には「横車を押す」というのがあるが、これは、後ろから前に押すべき車を横から押す、つまり強引に事を進めるとか、道理に合わないことをするという意味だから、黙って聞いているべきところで口を出すということではない。

それだったら「**横槍を入れる**」だろう。これは戦っている両軍の横に回って槍を突き入れることで、人の話に横から口を出すという意味で使われる。合戦では横から矢を射ることもあり、「横槍を入れる」と同じ意味で「**横矢を入れる**」もある。

的《まと》を射《い》た

「的を得た発言」では肝心の的を確実にハズしている

いつも肝心なことを的確に言う人がいる。感心して、「あの人の指摘はいつも的を得ている」「的を得た発言だ」と言いやすいが、この言い方はハズしている。

「的」は、弓や鉄砲の発射練習の目当てとなるもの。そこから発展して、ものごとをするときの対象となるものや、関心の向かうところを言う。「言っていることが的確、どんぴしゃりだ」というときはその「的」を「射た」のであるから、「**的を射た**」が正解。「的を得る」と言い誤りやすいのは、「当《とう》を得る」と混同するからだろう。「当を得る」は、道理にかなっていること。「当」はあたりまえ、まさにあるべきさまのことだから、「得る」となる。

❖ 李《り》下《か》に冠《かんむり》を正さず

「李下に冠を正す」と覚えているならすぐ正すべき

なんとなく頭に入っていることわざを、いざ使う段になってまったく逆の意味にしてしまうのはよくある。

人から疑われるようなことはしないほうがいいという「**李下に冠を正さず**」も、人に疑いを抱かれない正しい行為の意味で、つい「李下に冠を正す」とやってしまう。「李」はすもも。李の木の下で冠を被り直すと、実を盗んだのではないかと疑われるので、そんな振る舞いはしないほうがよいという中国の『古楽府《こがふ》、君子行』の一節からきたことわざだ。これは「瓜田《かでん》に履《くつ》を納《い》れず」、つまり瓜《うり》畑で靴がぬげてもかがんではき直すようなことはしないほうがいい、の後に続く一節である。

鬼も十八、番茶も出花

「娘十八、番茶も出花」は先入観のなせる恥

先入観とは恐ろしい。「十八」と言えばともすれば娘という連想が湧いてしまう。娘盛りを十八歳と見ていたためだろうか。そこで「娘十八、番茶も出花」となる。正しくは「鬼も十八」。かなり誇張した表現ではある。あの怖い鬼でも十八歳は愛くるしいもの、というのだから。

茶はやわらかい新芽を摘《つ》んだものが一番味がよく、高級とされる。「番茶」は摘み残しの硬葉でつくった品質の劣ったお茶のことで、湯を注いだばかりの香り豊かなものを「出花」と言

う。「番茶も出花」で、番茶でも淹れたてはおいしいという意味になる。とりたてて美人というわけでもない女性も年頃は魅力的というのが「**鬼も十八、番茶も出花**」。鬼も番茶も、魅力あふれる時期がある、というわけか。

蟻《あり》の這《は》い出る隙もない

「蟻の這い入る隙もない」でいいようだが本当は逆

蟻が這い出る隙間がないのだったら、這い入る隙間もないだろうから同じことだが、こうした言い回しには背景があるので、単に意味が合っていればいいというものではない。

「蟻の這い入る隙もない」は城の中から見て厳重な守りを固めたということになるが、この場合は、城攻《しろぜ》めをしている側が城から誰も逃げ出せないよう包囲網を固めたということだから「**蟻の這い出る隙もない**」でなくてはならない。

城を落とすのは難しいので、周りを囲み、食料、弾薬が底をつくのを待って攻める。そこで、食料、弾薬を外部から調達できないよう、また助けを求められないよう「蟻の這い出る隙もない」ように包囲網を固めて敵が弱るのを待ったのである。

濡れ手で粟《あわ》

「濡れ手に泡」ではまるでバブルから生まれた新語のようだ

昔、バブル経済の時代には儲け話が飛び交っていた。儲け話が膨らんでは消え、消えては膨らみ、まるで手につけた石鹸の泡のようだったから「濡れ手に泡」という新語が生まれたのだろうか。

いやいや、本当のところは「**濡れ手で粟**」の誤用であろう。最近は「粟」は健康食以外ではお目にかからないが、昔は五穀の一つとして重要な作物だった。米や麦に比べ粒が小さく、手ですくうと指の間からこぼれてしまう。そこで昔の人は手を濡らしてつかんだ。濡らすと粟がくっつくのでたくさんつかめる。そこから苦労せず儲けることを「濡れ手で粟（をつかむ）」と言ったのである。

「濡れ手に粟」ではなく「濡れ手で粟」であることに要注意。

三十六計逃げるに如《し》かず

「三十六計逃げるが勝ち」は「負けるが勝ち」のつもりか

中国の兵法には三十六の計略があるが、『南斉書（王敬則伝）』に「逃げる」のは最上の策の一つと書いてある。「三十六計逃げるに如かず」だ。「負けるが勝ち」という慣用句から、「逃げるが勝ち」を連想するが、それでは「三十六計」が生きてこない。「逃げる」といってもこの場合、形勢不利と見てとりあえず退散するのだから、勝敗がつくわけではない。無謀な戦いをせず、いったん引いて再起をはかるという知恵を説いたものである。危険を避けるという意味で「逃げるが勝ち」と言うなら、その場合、「三十六計」はつけない。

流れに棹《さお》さす

「流れに逆らう」わけではない

経済は生き物だから、世の中の流れに逆らうような経営を続けていると会社は発展できない。そんな経営を評して「流れに棹さす」と批判的に言う人がいるが、意味を逆転させている。

「流れに棹さす」様子は、いまでも急流下りで見ることができる。船頭が流れのままに竿（棹）をさし、船が岩に当たったり、浅瀬に乗り上げないよう操るのである。だから、竿で突っ張って流れに逆らうわけではない。「棹さす」という表現が、川底に竿を突き、船が流されるのを阻止すると受け取られているようだが、どんな怪力の船頭でも川の流れに逆らうことはできない。急流で巧みに船を操る船頭のようにうまく経営をやっていけば会社は安定するだろう。

死んで花実《はなみ》がなるものか

「死んで花見がなるものか」と言いたい江戸っ子の気持ちはわかるが……

「生きているからこそ、いい目にもあえる。死んでしまってはなんにもならない」と、芝居で自殺を思いとどまらせる場面のセリフ。これを「死んで花見がなるものか」と書くとずっこける。音は同じだが、この場合「**死んで花実がなるものか**」と書く。同じ意味で「**死んで花実が咲くものか**」とも言う。

「花実がなる・咲く」はよい結果を得ること、栄誉を得ること。死んでしまっては、もうそういう可能性もまったくなくなってしまうということだ。「花実」を「花見」とすると、日本人は花見が大好きだから、死んでしまったらもう花見もできない、つまらないじゃないかと説得しているようでおかしい。

3章

「なさぬ仲」とはどんな意味？

【大人なら知っておきたい日本語】

忸怩《じくじ》たる思い

「恥ずかしい」のに「悔しい」の意味に勘違いしてはいけない

企業の不祥事釈明会見などでよく聞かれるセリフに、**「忸怩たる思い**でありますがある。

「忸怩」は「じくじ」と読む。「忸」にも「怩」にも、恥じるの意味があり、その二つが合わさってできた「忸怩」で、自分の行ないについて恥ずかしく思うさま、心のうちで恥じ入るさまを意味する。

ときどきこの「忸怩」を「悔しい」の意味で使っている人がいる。「同期のあいつが昇進したと聞いて、その日は忸怩たる思いでヤケ酒を飲んだ」は間違った使い方だ。もし、ヤケ酒の後に誰かに絡んで大ゲンカしたあげく留置場にやっかいになった、なんてオチがついた場合は、「忸怩たる思い」に至るだろう。

「忸怩たる思い」と似た言い回しに「慙愧《ざんき》に堪えない」がある。「慙愧」は、自分の行動を反省して恥ずかしく思うこと。「ざんぎ」とも読む。

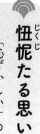

錦上華《きんじょうはな》を添える

「枯れ木も山の賑わい」とパーティに招待するのはいかがなものか

親しみを込めたつもりだろうか、後輩からのパーティの案内状に「枯れ木も山の賑わい。お待ちしてます！」と書かれている。

相手をよく知っているので、目くじらは立てないが「枯れ木」の文字にはガックリ。出したほうは「賑わい」に着目して、出席してもらいたい一心から表現したのだろうが、「先輩のような人（枯れ木）でもいないよりましです」という意味になる。こういうときには、「**錦上華を添える**」を使うべきだろう。錦《にしき》の上に美しい華を添えるという意味だ。

同じように、意味を取り違えた表現に「他山の石」がある。手本にしますというつもりで「先輩を他山の石とします」と言うのだが、これは「どんな粗悪な石でも自分の宝石を磨くのに役立てることができる」という意味だから、「他山の石＝粗悪な石＝先輩」となる。先輩を持ち上げることにもほめ言葉にもならない。

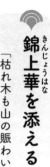

すべからく

「日本人はすべからく桜の花には思いを寄せる」の恥ずかしいミス

「日本人はすべからく桜の花には思いを寄せる」など、「すべて」のちょっと古い言い回しが「すべからく」だと思い込んでいる人が多い。

しかし「すべからく」と「すべて」は、まったく異なる言葉。これは漢字で書けばはっきりする。「すべからく」は「須く」、「すべて」はもちろん「全て」である。

「**すべからく**」は多くの場合、下に「べし」をともなって「当然～をすべきだ」という意味となる。すべからく言葉はその正しい意味を知って使うべし、というわけだ。妙に古めかしい言葉を誤って使うのは恥かきの元となる。

押しも押されもせぬ

「押しも押されぬ」は一見正しいようで大間違い

「大谷翔平は押しも押されぬメジャーリーガーだ」と、新聞紙上でもよく見かける「押しも押されぬ」だが、どこもおかしくないように思われる。そのため慣用句のように使われているのだがそこが落とし穴である。

「押しも押されぬトッププレーヤー」とは「押しても動かない」「押されても動かない」と誰もが認める確固たるトッププレーヤーということだから、「ぬ」は「押す」「押される」の両方にかからなくてはならない。

しかし、「押しも押されぬ」では「ぬ」は「押される」にしかかかっていないから、正しくは、両方にかかるよう「**押しも押されもせぬ**」あるいは「**押しも押されもしない**」としなくてはならない。そのほうが納まりもよく、声に出してもしっくりくる。

進退谷《きわ》まる

「進退谷まる」を「進退タニまる」と棒読みした国会議員さんがいる

テレビの国会中継を見ていると必ず一度は耳にするのが「粛々《しゆくしゆく》」という言葉。引き締まったさまということだが、国会では「やるべきことは手順を踏んで進めている」

といった意味で使われているようだ。しかし、なんでもかんでも「粛々」だからありがたみはない。言っているほうも慣用句になっている。

それでも読みが合っているからいいが、これが原稿棒読みで読み方まで間違っていると失笑を買うことになる。有名なところでは、**「進退谷まる」**をそのまま、「進退タニまる」と読んだ議員がいた。「谷」で身動きできなくなることが「進退谷まる」だが、「タニまる」ではなんのことやらわからない。

読めない字があったら辞書で調べよう。いや、議員の先生も原稿の中の読めない漢字には振り仮名を振っておいたらどうでしょうか。

古式ゆかしく

「古式ゆたかに」のナレーションではせっかくの伝統行事も台なしに

テレビのニュース番組では、季節の変化や年中行事の映像をニュースの合間に見せてくれるが、ナレーションは決まりものらしく味も素っ気もない。それは構わないが、ときに、間違った表現をそのまま繰り返し同じ場面で使うことがあり耳障りだ。

鎌倉の流鏑馬《やぶさめ》、箱根の大名行列など、昔の装束で行なわれる年中行事でよく耳にするのが「古式ゆたかに行なわれた」というナレーション。大勢の人が昔の装束をつけているので「古式ゆたか」と言いたいのだろうが、昔からのやり方で、昔をしのんで行なわれるという意味だから**「古式ゆかしく」**と言ってもらいたい。

「ゆかしい」には「なんとなく懐かしい」「ひかれる」の意があるが、「ゆたか」にはない。

弘法も筆の誤り

「猿も木から落ちるですね」と課長に言ったらにらまれる

「猿も木から落ちる」とは「名人と言われるような人でも失敗する」ことだと覚えていて、課長が失策したとき軽い気持ちで使ったところジロリとにらまれた。しかし、どうしてにらまれたのかわからない。

この慣用句には「慢心すると」という意味が言外に含まれている。「猿も（慢心すると）木から落ちる」、つまり「名人と言われるような人でも（慢心すると）失敗をする」と言っているのである。課長を「名人」と持ち上げたつもりが、むしろ力点は「慢心を戒める」ほうにあったわけだ。

課長に言うなら「**弘法も筆の誤り**」であろう。弘法様は慢心しないから、これなら素直に「どんな名人でも失敗はする」という意味になる。

檄《げき》を飛ばす

「みんなに激を飛ばす」は、気持ちはわかるが字が違う

「檄を飛ばす」という慣用句を、みんなを激励し発奮させることの意味で、「監督が檄を飛ばした」とワールドカップ開催中に見出しを打ったスポーツ新聞があった。

「檄」とは昔の中国で政府が出した「おふれ」のことで、これを書いた文書を「檄文」と言い、木札に書いて公表した。そこから、自分の考えを述べ、広く同意を求める文書を意味するようになった。

戦国時代には、戦国武将が自分の正義を訴えた文書を「檄」と言い、近隣の大名や豪族にそれを送ってともに戦うよう求めることを「**檄を飛ばす**」と言った。

現在は、元気のない者に刺激を与えて活気づけるという意味でも使われるが、「檄」は「激励」の「激」とは違う。「激を飛ばす」ではもちろんない。監督がみんなを叱《しっ》咤《た》激励したのなら、「発破《はっぱ》をかける」「発奮《はっぷん》を促す」あたりを使ってもよい。

悲喜《ひき》こもごも

大学入試の合格発表レポートで使ったら不適切

大学受験の発表にインターネットを使う学校が増えたが、同時に昔ながらの掲示板発表もある。そこに集まった受験生の喜ぶ姿や落胆する姿が見られるのも、毎年春の変わらない光景だ。

「難関の〇〇大学の合格発表があり、発表掲示板を見る受験生の悲喜こもごもの光景が見られた」と、もしニュースが伝えたら、受験生が喜んだり落胆したりする合格発表の情景が目に浮かぶ気もするけれども、これは本来誤り。

「**悲喜こもごも**」というのは漢字では、「悲喜交々」と書く。一人の感情の中に、悲しみと喜びが入り混じっていること、悲しみや喜びが交互にやってくることを言う。

「悲喜こもごもの表情」「人生は悲喜こもごも」というように使い、合格発表の場のように悲しむ人と喜ぶ人が入り混じっている場合に使うのは適切とは言えない。

生きざま

「生きざま」は、称讃には使われない表現

波乱万丈の人生、激しい生き方を表現するとき、「あの人の生きざまには誰もが感動させられる」と書いているのを新聞・週刊誌でよく見かける。テレビでも耳にする。

しかし、この表現に不快感をあらわにする人がいる。それは「**ざま**」という言い方がもともと「死にざま」「ぶざま」といった悪い表現に使われてきたからである。「なんだあのざまは」という表現もある。

だから、「オレの生きざま」と言ったら、人の道にはずれた生き方をしてきた人のセリフと受け取ってしまうのである。そんな悪い表現を、ほめるべき箇所で使っているので耳障りに感じるのだろう。諸説あるが、日本語は濁音をよくない意味で使うことが多い。ここは素直に「生き方」と言うのがいいだろう。

一姫二太郎

女の子が一人、男の子が二人いることを言うのではない

いまでは子ども一人という家庭は珍しくないが、少し前までは一人っ子はそれだけで「問題児」と考えられていた。子どもは二人以上、できれば三人の親子五人家族が理想とされていたのである。団塊の世代はそうした時代に生まれ育った人々である。そんな背景があるからか「**一姫二太郎**」と言うと、「子どもは三人、女子一人に男子二人が理想」と思っている人が少なくない。

正しくは、「子どもは、第一子は女子、第二子は男子が育てやすい」という育児の知恵を述べたものである。最初は手がかからない女子で育児を経験し、次に手のかかる男子を育てるのがいいということだが、この言葉に男尊女卑の匂いをかぎつける人もいるかもしれない。

昔は第一子には男子が望まれていた。女子が生まれた母親をなぐさめるときによく使われたようだ。

念頭に置く

いかにも正しそうな「念頭に入れる」だが、ちょっと違う

「部長の言葉を念頭に入れて、このプロジェクトの準備を進めてきました」

それを言うなら「部長の言葉を念頭に置いて」だ。「念頭」は心のうちや頭の中、考えのこと。「あの人は仕事以外のことは念頭にない」などと使う。

「頭に入れて」「念を入れて」と混乱するのか、「念頭に入れる」という言い方がしばしば聞かれるが、こういう言葉はない。「**念頭に置く**」で、心にかけておく、そのことをつねに考えているという意味の慣用句。「安全第一を念頭に置いて作業をする」など、正しい用例を念頭に置いておけばきっと間違えない。

白羽《しらは》の矢が立つ

「白羽の矢が当たる」では、語源の的をハズしている

的を射抜くことを「当たる」と言うので、「白羽の矢」も「当たる」と言いたくなるが、本来は、山の神のたたりを恐れた村人が村の娘を嫁に差し出すこととし、候補に決まった娘の家のかやぶき屋根に白羽の矢を立てたことからきた。だから「**白羽の矢が立つ**」と言わなくてはならない。

このように本来は、人身御供《ひとみごくう》（犠牲者）に選ばれるときに使われたが、いまでは「今度のプロジェクトチームの責任者は社長の肝いりでキミに白羽の矢が立ったよ」と、たくさんの中から選ばれるときに使われている。たくさんの中から選ばれるので、「当選」の意味で「当たる」と言いたいところだろうが、「立つ」が正しいのである。

縁は異なもの味なもの

「縁は奇なもの粋なもの」は間違っていないようで間違い

「縁は奇なもの粋なもの」と言った人がいた。「合縁奇縁《あいえんきえん》」からの連想だろうか。正しくは「**縁は異なもの味なもの**」だ。このことわざは、男女の縁の不思議さを言ったもので、男と女はどこでどのように縁を結ぶか常識ではわからない、その不思議さが人生の面白さだ、という意味。「縁は異なもの」と略して使われることもある。「異なもの」には不思議なもの、「味なもの」にはおつなもの、粋なもの、不思議なものの意があり、ここではどちらも「不思議なもの」の意味で使われている。

「合縁奇縁」は「合縁機縁」とも書く。人の交わりでは、互いに気心の合う合わないがあり、それもみな不思議な縁によるものだという意味。こちらは男女に限らず、人の縁すべてに使われる。

目《め》端《はし》が利く

機転を利かせてうまくいったことを「目鼻が利く」とは言わない

状況が読めて機転を利かせて大儲けした人を言い表すときに、「**目端が利く人**」と言う。ところが、これを「目鼻が利く人」と間違えやすい。

目鼻は「つく」のであって、ようやく仕事のめどがついたときなどに「目鼻がついた」と言うのが正しい。人の顔を描くときも目と鼻を描けば、ほぼ全体像が見えてくる。「目鼻がつく」は、ものごとの大体の予想や見通しが立つことであって、「目端が利く」とはまったく関係がない。どちらかと言えば「目端が利く人」は小賢しい人をイメージさせる。「目鼻がつく人」とは言わない。

なさぬ仲

あのコとは不倫関係ではなく、血のつながらない親子なのだ

中年男性である上司と若い女性が仲よく食事をしているのを見かけ、後で冷やかすと、「あのコとはなさぬ仲なんだよ」という返事。あまりにあけすけに言われて、驚いて返事もできず……。何を想像してしまったのだろう？「なさぬ仲」が、恋愛が正当ではなく結婚できない関係、あるいは性的関係にまだ発展していない恋愛関係のことだと思ってしまったのか。そうだとすると、大きな勘違いだ。「**なさぬ仲**」は漢字で書くと「生さぬ仲」。つまり、生まない親子関係のことを言う。義理の

親子の間柄、血のつながっていない親子関係のことである。先の男性は別段やましいことをしていたわけではない。「**なさぬ仲**」の音の響きが、隠し立てをしなければならない男女関係を連想させるのは面白いところだが。

禍《わざわい》を転じて福となす

悪いことの後にはいいことがあるという意味ではない

「『禍を転じて福となす』と言うだろ？　次はいいことあるよ」

悪いことが起こったら次はよいことが巡ってくる、という意味で言っているようだが、「苦あれば楽あり」と勘違いしたのだろうか。それとも、禍と福はより合わせた縄のように入れ替わり変転するという意味の、「禍福《かふく》は糾《あざな》える縄のごとし」と間違ったのか。

「**禍を転じて福となす**」とは、ふりかかってきた災難を努力や工夫で幸せに導くようにすること、災難をうまく処理して幸福や成功に転換させることを言う。「福」は巡ってくるものではなく、自らの力で導くもの。どんなに悪い状況だって、やり方次第、工夫次第、努力次第で好転できる、好転させせよということである。「福」は「さいわい」とも読み、「幸」と書くこともある。類語には「失敗は成功の母」「七転び八起き」などがある。

いやがうえに

「嫌がおうでも盛り上がった」では盛り上がるものも盛り上がらない

似た音を持つ言葉は混乱して使いやすい。「いやがうえに」と「いやがおうでも」もその一つ。

「決勝戦が近づいてきて僕の期待は嫌がおうでも高まった」は、字も用法も間違っている。「いやがおうでも」は漢字に直すと「否が応でも」で、承知でも不承知でも、有無を言わせず、ということ。「今日こそはいやがおうでも一緒に来てもらうぞ」「いやがおうでもやらなければならない」のように使う。気持ちはほとんど「否（ノー）」だろう。

期待が高まってきたのであれば「いやがうえに」だ。「**いやがうえに**」は「弥が上に」と書く。「弥」には、ますます、いよいよ、の意味があり、「いやがうえにも」として、いまよりもっと、と言いたいときに使う。「決勝戦はいやがうえにも盛り上がった」と聞くと、こちらにも興奮と盛り上がりが伝わってくる。

かけがえのない人

「あなたはボクにとってかけがいのない人です」とは失礼だ

「かけがえのない人」と「かけがいのない人」とは、まったく逆の意味になるから要注意。

「かけがえ」とは、主に、座敷の掛け軸の「掛け替え」を言い、それが「ない」のだから、他のものと替えることができないほどの大切な掛け軸を意味する。だから、**「かけがえのない人」**は、家族や恋人などの代替の利かないほど大切な人のことだ。

ところが、「かけがいがない」は、「賭（懸）けるほどの甲斐のない」と解釈され、「かけがいのない人」と言ったら、賭（懸）けてもしかたのない、期待もしていない人のことになる。

恋人の両親に挨拶に行って、「ヨシコさんは、私にとっては、かけがいのない人です」などと言っては、赤っ恥をかくどころか出入り禁止となるかもしれない。「え」と「い」が入れ替わっただけで人生設計も狂うのだから怖い。

薄紙をはぐように

「薄皮をはぐように病気が治った」ではまるでホラー映画

「あの人の病気、だんだんよくなってきたね」「そう、薄皮をはぐようにね」

病気がだんだんよくなっていることに安堵しても、こう言ってしまっては困る。

病気が日に日に少しずつよくなっていくさまは、「**薄紙をはぐように**」と言う。薄い紙が一枚一枚はがれていくように、少しずつ病気が快方に向かっていくことの形容だ。

一方「薄皮」は、物の表面をおおう薄い膜の意味から、女性などの皮膚が白く、きめが細かいことも言う。「皮をはぐ」という言葉から「薄皮をはぐ」とつながりやすいところから生じる誤解かもしれないが、薄皮をはいで病気がよくなるというのは、なんだかホラー映画のようだ。

たわいない

「他愛ない」という当て字から「たあいない」と発音するが本当は違う

「たわいない」を「たあいない」と言っている人がいる。だいぶ許容されてきている読み方で、それは「他愛ない」という当て字が一般に認知されてきたおかげかもしれない。辞書にも載っているしパソコンでも「たあいない」で変換される。とはいえ、本来は「たわいない」だ。とりとめがない、張り合いや手ごたえがないことで、「たわいない話だ」「そんなたわいもないことでケンカするなよ」などと使う。

声に出して読んでみると、「たあいない」のほうが発音しにくい。そのせいだろうか、「たーいない」と発音したりする人もいて、「たわいない」雰囲気が醸《かも》し出される。

快復速《すみ》やか

「病速やかですぐに退院できそう」では医者に匙《さじ》を投げられたかのよう

「速やか」というと、なんとはなしによいイメージがある。「快速電車」とか「快速艇《てい》」といった言葉の連想からだろうか。「すみやか」の「すむ」が「澄む」を連想させるからだろうか。

しかし「病速やか」と言うと、こちらはよいイメージどころか、病気がどんどん進行していることを言う。病速《はや》しですぐに退院などとなれば、医者が匙を投げたことと受け取られてもしかたがない。ここは「**快復速やか**」と言うべきだろう。

「病篤《あつ》し」という表現もある。これも「病が手厚い看護を得て治る」のではなく、逆に、病気が重くなることである。病気などは、「速やか」とか「篤し」ではなく、「薄皮」ではなかった、「薄紙をはぐように」早く治ってもらいたいものだ。

人間《じんかん》いたるところ青山《せいざん》あり

「人生いたるところ青山あり」では座がしらける

結婚式で「人生いたるところ青山あり」とスピーチしたら座がしらける。正しくは「**人間いたるところ青山あり**」だが、この場合の「人間」は「じんかん」と読む。世の

中のことである。また、「青山」は「せいざん」と読み、「骨を埋める場所＝墓場」だ。

すなわち、骨を埋める場所はどこにでもあるのだから、故郷にこだわらず、世の中に飛び出して活躍してみてはどうか、といった意味である。

「人生いたるところ……」とスピーチした人は、「人生にはいろんなことがある」と言いたかったのだろうが違った。「人生」と「人間」を取り違えただけでなく、「青山」を墓場と知らなかったことで二重のペケ。結婚式で墓場は困る。卒業式・送別会など新しい社会への門出を祝う席などで使うのは構わない。

芳紀《ほうき》

「新婦は享年十九歳」では、せっかくの花嫁さんが亡き者に

「新婦は享年十九歳、まさに花開かんとする美しい娘さんです」

あれあれ、これではせっかくの花嫁さんを亡き者にしてしまっている。「享年」とは、この世で生を享《う》けた年数、つまり死んだ年齢を指す。「行年《こうねん》」とも言う。

あらたまった場のスピーチなどで年齢を言うときに、何か修飾がほしくてこんな失敗を演じてしまう。この場合なら「**芳紀**」だろう。「芳紀まさに十八歳」などと使い、「芳」は美しい人を表し、これから女性として花開く年齢、という意味。

だからいくら美しい女性であったとしても、四十歳前後の人をつかまえて「彼女は芳紀四十歳、もうひと花もふた花も咲かすことでしょう」とやってはお世辞が過ぎる。

気質

「かたぎ」か「きしつ」かで意味が違ってくる

「職人気質」「江戸っ子気質」はそれぞれ「**しょくにんかたぎ**」「**えどっこかたぎ**」と読む。同じ職業とか身分、あるいはある地域に住む人に共通した性格とか気風のことだ。「気質」を「きしつ」と読むときは持って生まれた性質のことを指す。同じ漢字でも読み方が異なると意味が違ってくる。

ついでながら「気風」はなんと読むか。「**きふう**」とも「**きっぷ**」とも読めるが、気前がいいことをほめるときは「きっぷがいいね」と言いたい。「きふうがいいね」では気持ちがこもらない。

ところでヤクザが「**かたぎ**になれよ」という場合は、「気質」でいいのだろうか。この場合は「堅気」と書く。真面目な性質や真面目な職業のことをそう言う。

五月雨

「ごがつあめを〜」では風韻《ふういん》もとたんに大崩れ

五月雨をあつめて早し最上川

芭蕉の雄渾《ゆうこん》な俳句だ。これを「ごがつあめを〜」と読んでしまったら、とたんに風韻は大崩れ、大恥をかくことになる。「五月雨」は陰暦五月（いまの六月）の雨、すなわち梅雨のことで、「**さみだれ**」と読む。

「五月晴れ」を「ごがつばれ」と読んでは清涼感が失われる。ここは口元さわやかに「**さつきばれ**」と声に出してみたい。

「五月蝿」「五月蝿い」も読みが難しい。「ごがつばえ」、あるいは「ごがつはえい」ではなんのことかわからない。「い」がない「五月蝿」は「**さばえ**」、「い」がつけば「**うるさい**」と読む。五月の蝿《はえ》はぶんぶんまとわりついてまことにうるさい。くれぐれも「キミは五月の蝿だな」などと言われないように。

十戒

「映画『じゅっかい』はよかったなあ」と述懐していては笑われる

「十」の読み方には人を食ったところがある。

「十重二十重」を「じゅうじゅうにじゅうじゅう」と読んだという冗談のような話があるが、焼肉を焼いているのではない。これは「**とえはたえ**」。「十露盤」は「とろばん」ではまずい。「**そろばん**」のことで「算盤」とも書く。「十六夜」は「**いざよい**」。

「十姉妹」は「じゅうしまい」ではなく「**じゅうしまつ**」。

『東海道中膝栗毛』を書いたのは江戸時代の戯作者・十返舎一九だ。読みは「じゅっぺんしゃいっく」でなく「**じっぺんしゃいっく**」。

このように「十」を「じっ」と発音する例は事欠かない。ならば映画『十戒』は？これも「**じっかい**」だ。映画ファンにして「じゅっかいはよかった」などと述懐している人と笑われるだろう。

九十九折

「きゅうじゅうきゅうおり」では言ってる間に年を取ってしまう

「九」も曲者で「九十九折」「九十九髪」は読みづらい。「きゅうじゅうきゅうおり」「くじゅうくがみ」では言っている間に年取ってしまう。「九十九折」は「**つづらおり**」、「九十九髪」は「**つくもがみ**」で老女の白髪のことだ。

「薬九層倍」は「くすりきゅうそうばい」ではなく、「**くすりくそうばい**」と読む。江戸時代、薬は非常に高く、業者が暴利を貪ったことからきた言葉。しかし薬代が高いのはいまも同じ。おちおち病気になってはいられません。

ところで「十人十色」と言えば、人は皆それぞれ違うものだということだが、「九《く》分《ぶ》十分《じゅうぶ》」となると意味が正反対になる。大差ない、似たりよったりという意味。

金《かね》のわらじ

「年上の女房は純金のわらじをはいて探せ」は恥ずかしすぎる

「年上の女房は**金のわらじ**をはいて探せ」と言うが、この「金」を「ゴールド」と思い、さらに、「純金のわらじ」とご丁寧に強調する人もいる。

しかし、この読み方は「きん」ではなく「かね」だ。「かね」というと今度は「お金」、つまり大判小判を連想するかもしれないが、正しい解釈は、藁《わら》で編んだわらじはすぐダメになるから、鉄や銅などの金属でできた丈夫なわらじをはきなさい、ということ。

年上の女房はそれほどいいものというわけだが、年上の女房にしてみれば、鉄や銅でできたわらじをはいている男よりも、やっぱり、純金や大判小判のわらじをはいている男に探してもらいたいのではないか。

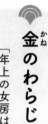

暇に飽《あ》かす

「暇にまかせて絵を描いた」という言い方は正しいようで間違い

最近、「暇にまかせて」「暇にまかせる」という言い方をよく聞く。「夏休みの間は、暇にまかせて油絵ばっかり描いてましたよ」などがその一例。だがこの表現、辞書ではまず見かけない。辞書に載っているのは「暇に飽かす」だ。

「暇に飽かす」は、暇があることにまかせて長い時間をかけてものごとを行なうこと、という意味だが、「暇にまかせて」も同様の意味で使われているので、そのうちこの言い方も辞書に載るようになるかもしれない。右のセリフを辞書的に言い換えると、「夏休みの間は、暇に飽かして油絵ばかり描いてましたよ」となる。

旧交を温める

いくら交わりを持つといっても「旧交を交わしてくるよ」とは言わない

しばらく連絡を取っていなかった旧友と久しぶりに会うことになった。「久々に旧交を交わしてくるよ」と言いたいところだが、こういう言い方はない。「**旧交を温める**」が正しい。古い友人と会って、かつてのようにつきあう、親交を深めることをこのように表現する。

ところで、親しく交際する、という意味を持つ言い回しには含みのあるものが多い。敵に内通するといった意味がある「款《かん》を通ず」、ひそかに連絡を取る「気脈《きみゃく》を通ずる」、男女がひそかに関係を結ぶというときの「慇懃《いんぎん》を通じる」、また、「誼《よしみ》を通ずる」「誼を結ぶ」には打算的な目的で近づくといったニュアンスを込めて使われることがある。どれも親しく交際することには違いないが、使う際には注意が必要だ。

船頭多くして船、山に登る

船一艘に船頭は一人でいいとワンマン社長

一つの集団にリーダー格の人が大勢いるとそれぞれの主張がぶつかり、その集団は思わぬところに向かって進むことになり、失敗につながる。これを「**船頭多くして船、**

山に登る」と言うのは、ご存じのとおり。

ところが、「みんなで力を合わせてがんばれば、不可能と思えることでもやり遂げることができる」と、前向きに解釈してしまう場合もある。とはいっても、間違いは間違い。やはり、一つの集団には強力なリーダーが一人いればいいのだ。ワンマン社長が全社員を前に訓示を垂れるときに最適な故事かも。

情けは人のためならず

その人のためにならないから助けるな、の意味ではない

自立、自己責任、自業自得という言葉が定着しているせいかもしれないが、「**情けは人のためならず**」を、自分を頼ってやってきた人に情けをかけてやると、かえってその人の自立の妨げになるから、その人のためにも情けをかけてはいけないと解釈している場合が多い。

しかし本来の意味は、人に情けをかけておけば、巡り巡っていつかは自分にもよいことがやってくる、ということだ。だから、ここで言う「人のため」は「自分のた

め」なのであって、「情けをかけるのは他人のためではなく、自分のため」となる。「その人のためと思ったのに」というのは、どちらかといえば「情けが仇《あだ》」という言い回しにつながるものだ。こちらは、情けをかけたら、逆に悪い結果になったということ。

大時代

「ダイジダイなセリフ」と読んだら大間違い

「大」がつく字は多くて、読み方もややこしい。

「大時代なセリフ」はどう読むか。「だいじだい」は間違いで、これは「**おおじだい**」だ。「大札」は「**おおふだ**」、「大所帯」は「**おおじょたい**」となる。

「大悪人」「大宇宙」「大黒天」はそれぞれ「だい」。「大所」は「**たいしょ**」。「大所高所《たいしょこうしょ》から」と言えば、些事《さじ》にこだわらずに大きな視野でという意味になる。

「大」を「だい」と読むか「おお」と読むかは微妙で、厳密な目安はないようだ。それぞれ個別に覚えるしかない。「大体《だいたい》」こんなところだろうと「大雑把《おおざっぱ》」な読み方をすると「大抵《たいてい》」間違えて「大恥《おおはじ》」をかく。

金字塔《きんじとう》

金色の字で書いたようなピカピカに輝く業績のことを言うのではない

「○○先生の業績は未来永劫に続く金字塔であり……」と、人の業績をこれ以上ないぐらいまでほめたたえるときに使う「金字塔」という言葉は、金色で書かれたピカピカに輝くほど特筆されるべき業績、と解釈されがちだ。

しかし、「**金字塔**」の本来の意味は、「金」という字の形に似ているピラミッドの異称で、永久に後世に伝えられていくような堂々たる業績をほめるときに使うべきもの。

金色で書かれるのは「金看板《きんかんばん》」で、「金看板を掲げる」と言えば、世の中に「どうだ」と鼻高々になっている状態だ。

どちらも業績を認めて「ほめる」ときに使うが、相手の性格によって使い分けをしてもらいたい。

弱冠《じゃっかん》

「弱冠三十五歳で社長に抜擢された」は拡大解釈しすぎだろう

「弱冠三十五歳で社長に抜擢された○○氏」と雑誌の記事にあった。「弱」とは「年が若い」という意味だから、三十五歳を強調する意味で「弱冠」と書いたのだろうが、中国の語源で「弱」は二十歳のこと。この年に元服の儀式で「冠」を被ることを「**弱冠**」と言った。だから、若いと言っても二十歳前後であり、三十歳を超えて使うのは拡大解釈のしすぎである。

言葉は世につれ人につれという面もあるので、語源に忠実であればいいというものでもないが、このケースのように年齢（数）である程度はっきり区切られる場合は、あまりはずれて使うのはよくない。

社長としては三十五歳は若いだろうが、二十歳から

見ればまだ年をくっている。「弱冠三十五歳」などと持ってまわらず、素直に「三十五歳の若さで」でいい。

4章

「滅相もございません」は間違い、正しくは？

【人前で間違ったら恥をかく敬語・丁寧語】

師事《しじ》してきました

「私は十年間、先生のおそばで私淑《ししゅく》してきました」と言われては先生も困る

「私淑」——字面を見ると誤ってないように思われるかもしれないが、「私淑」とは「直接教えを受けることはできないが、その人を自分の師として尊敬し、その師を見習って修養を積むこと」の意である。だから、しょっちゅう会っている師や、まして、ずっと「おそばに」いて「私淑」はもちろんおかしい。

これはたぶん、「**師事する**」との混同と思われる。「師事」は、「その先生を生涯の師として、その教えを受けること」だから、当然、年中会っていてもよいのである。

さて、あなたに生涯、私淑する師のありやなしや。ある人は幸いである。

お渡しください

「これをお子さんに差し上げてください」と言っては親の立場がない

話している相手の子どもにプレゼントを渡したいと思う。その子の親である話し相手にプレゼントを託して、「お子さんに差し上げてください」「お子さんにあげてください」と言うとすると、これは誤りだ。

「差し上げる」というのは「与える」「やる」の謙譲語で、「あげる」は「与える」「やる」の丁寧な言い方。この場合、品物を直接子どもに渡すのは、子どもの親にあたる話し相手の行為になるから、この言い方では親を子どもより低い位置に置いてしまうことになる。だから、おかしいのである。そうはいっても相手の子どもにも敬意を払う必要があるから、「お子さんに**お渡しください**」くらいが適当な言い方だ。

◆責任は負いかねます

「取り扱い不注意による故障の責任は負いかねません」ではマズイのだ

「お客様の取り扱い不注意による故障の場合、責任は負いかねません」

ある商品のチラシに書かれていた文章だが、これはちょっとおかしい。

「責任は負いかねません」は、「**責任は負いかねます**」とすべきだ。「負いかねません」だったら、「負います」ということになってしまう。消費者としては責任は負ってもらったほうがありがたいが、やはりそうもいくまい。

「君がやってくれと言うなら、やらないでもないよ」「こういうケースもなくはないね」

右の例と同様、このような二重否定の言い方は使う側も十分に気をつけて使いたいものだが、聞いているほうにも理解力が必要になってくる。

「お腹一杯だけど、食べられないこともなくはないような気がしないでもないです」

うーん、どっちだかはっきり言ってもらいたい。

力不足

「役不足ですが懸命に務めます」とは、これまたずいぶんエラそう

たとえば会や式で、幹事や司会などになったとする。皆の前で挨拶をする場合、自分にはこの役は荷が重すぎるが精一杯やらせていただきます、と謙遜したつもりで「役不足でございますが、懸命に務めさせていただきます」と言ったとしたら、あら大変。謙遜したことにならない。

「役不足」というのは、俳優などが自分に与えられた役に満足しないことや、その人の力量に比べて役目が軽すぎることを言う。人のほうが役（目）よりも力量があると、言う人が認めた場合に使う。先の例で、自分がその役目に対して能力が足りないと謙遜するのなら、「**力不足**」と言うべきだった。

とんでもないことです

「とんでもない」は「とんでも」と「ない」には切り離せない

「とんでもありません」

目上の人や上司や得意先から、「ご苦労だったね」「迷惑かけたね」などと労をねぎらわれて、つい口から出やすい言い方だ。「とんでもない」を丁寧に言ったつもりなのだが、この言い方は本来、誤りである。

「とんでもない」は「途《と》でもない」が転じたものとも言われ、「意外だ」あるいは「まったく思いがけない」という意味の形容詞で、「とんでも」と「ない」に切り離すことのできない一語である。それならば、「とんでもない」という気持ちを丁寧に相手に伝えるとどうなるかというと、「**とんでもないことです**」「**とんでもないことでございます**」となる。「とんでもありません」は、謙遜して言ったつもりでも、言葉に厳しい年配の人にはかえって耳障りとなってしまうかもしれない。しかし、「とんでもありません」「とんでもございません」も、一般に多く使われている現状から、慣用として認められる方向にもある。

お疲れ様でした

「課長、本日はご苦労様でした」と言っては課長はムッとするだけ

課長から「みんな今日は遅くまで残業ご苦労さん」とねぎらわれ、「課長のほうこそ本日はご苦労様でした」とつい言ってしまったことはないだろうか。当然、課長はムッとしてさっさと帰ってしまうだろう。

課長が部下に「ご苦労さん」と言うのはいい。もともと「ご苦労」は上位の者が下位か同等の者に言う言葉だからだ。時代劇では殿様が「ご苦労」と家臣に声をかける。会社では社長が重役に、上司が部下に「ご苦労」と言う。しかし、逆は非礼である。

上司から「ご苦労さん」と言われたら、ついうれしくなって「ご苦労様」と返したくなるが、そのときは**「お疲れ様でした」**と言っておきたい。これなら課長も「ちょっと寄っていくか」となる。

戻られました

「お戻りになられました」は丁寧すぎる二重敬語

「先生がお戻りになられました」「お連れ様がお見えになられました」

ともするとうっかり聞き逃してしまいそうなこれらの言い方、どこかがおかしい。「お戻りになる」「お見えになる」は尊敬の動詞。敬語としてはこれで十分に完成されたものなのだが、そこにさらに尊敬の助動詞「られる」をくっつけてしまったからおかしくなる。

丁寧に敬意を表そうという思いはわかるが、

これは二重敬語。敬意を伝えるにも、過ぎたるは及ばざるがごとし、だ。

ここは「**先生が戻られました**」あるいは「**先生がお戻りになりました**」とすべきで、「お見えになる」のほうは「**お見えになりました**」または「**いらっしゃいました**」とする。二重敬語や過剰敬語は嫌味な印象を与えたり、相手を不愉快にさせることもある。敬語はシンプルにストレートに使いたい。そのほうが誠意もストレートに伝わる。

おみ足を楽になさってください

「お足を楽になさってください」では料金が安くなるみたいだ

居酒屋のちょっとした座敷に案内されて、仲居さんに「どうぞ、お足を楽になさってください」と言われて、違和感を持ったことはないだろうか。

たしかに靴をぬいでいるから足は楽になるのだが、「お足」というのは「銭《ぜに》」のことだ。時代劇のドラマで、「おっと、お足がまだだよ、ちゃんと払っとくれよ」と威勢のいい女将《おかみ》さんや姐《あね》さんが使うシーンを見たことがあるだろう。注文する前に「お足が楽になる」と言われても、飲み代が安くなるわけでもなく、きちんと払わなくてはならない。

「足」の尊敬語は「おみ足」で、漢字では「御御足」となる。したがって、正しくは**「おみ足を楽になさってください」**だ。「御足」と「御御足」はちゃんと使い分けよう。

えさをやる

「プードルのルルにお食事をあげる時間なんです」ってどっちがご主人様？

「うちのルルにお食事をあげる時間だから、お先に失礼」などと言って、さっさと帰る人がいる。ルルというのは飼い犬の名前だ。

「あげる」は、いまやごく普通に使われているが、じつは謙譲語で、相手にへりくだるときに使う言葉だから、「どっちがご主人様なの？」と言いたくなるではないか。

会社の先輩に「お弁当をあげる」のはいいが、飼い犬には「やる」だ。家族同然で、愛情をそそいでかわいがっているのはわかるが、ペットには**「えさをやる」**。ついでに言えば、植物に「お水をあげる」も「水をやる」と言いたいところ。

召《め》し上がってください

「冷めないうちにいただいてください」では相手をへりくだらせてしまう

「食べる」「飲む」の尊敬語に「召し上がる」という言葉がある。かつては高貴な人々に対して使われていた言葉だが、現在はごく一般的に使われている。とはいえ、「どうぞ召し上がって」と聞くと、かなり上品な感じが漂う。

食事や温かいお茶を出されたとき、「冷めないうちにいただいてください」と言われることがあるが、これは間違った言い方だ。

「いただく」は「食べる」「飲む」の謙譲語だから、「いただきます」と言うのはもちろん、自分がへりくだって言っているのであって、相手に「いただいてください」と言ってしまっては、相手をへりくだらせることになる。

正しくは「**冷めないうちに召し上がってくだ**

さい」、あるいは「**冷めないうちにあがってください**」。もっと簡単に「**冷めないうちにどうぞ**」と言ってもいい。

お勘定してください
「ごちそうさま、お愛想してください」と言われたらお店の人は苦笑い

居酒屋などでよく耳にする言葉「お愛想《あいそ》してください」。ちょっと気取ったつもりなのだろうか。客のほうではなく、お店の人が「ではお愛想はあちらのレジで」などと言うのならわかる。「お勘定」と言ってはちょっとリアル過ぎるので、という気遣いである。

しかしお金を払う客がお店に「お愛想」である必要はない。「**お勘定してください**」でいいのだ。もっとも、店によってはやたらと店主が威張っていて客がペコペコしている店もある。こんな場合は、客のほうが「お愛想」しなければならないのかもしれないが。

また、客が通ぶって醤油を「むらさき」とか塩を「なみのはな」などと言っている

のを耳にすることもあるが、かえってみっともなく見えることがある。普通が一番。

ご足労《そくろう》願えますか

「午後三時にもう一度、来ていただけますか」では行く気にもならないかも

「かしこまりました」「申し伝えます」「承ります」など、オフィスや仕事の場で使われる言葉には便利なものが多く、家庭での電話応対にも活躍する。「ご足労」という言葉も〝使える〟言い回しだ。若い人には馴染みが薄いかもしれないが「相手に来てもらう」ことの尊敬語である。

担当者が外出中のため、「午後三時にもう一度、来ていただけますか」と言うとする。敬語表現としては間違ってはいないのだが、ぶっきらぼうな感じがして印象がよくない。「来る」を使いたければ、「もう一度、来てくださいますか」のほうが相手に対する思いやりが感じられる。「もう一度、**ご足労願えますか**」と言うと、「足を労して」わざわざ再訪してもらって恐縮だというこちらの姿勢を、より明確に相手に伝えることができる。

張り切っています

「念願のレストラン開店で、店長の○○君も燃えています」には忌言葉《いみ》がある

レストランの開店披露のパーティが行なわれ、店長の友人がスピーチをした。「念願のレストラン開店で、店長の○○君もますます燃えています」

言葉に敏感な人はドキッとしたに違いない。「忌言葉」が使われているのだ。

「忌言葉」とは、特定の場面では使わないほうがいいとされる言葉のことだ。受験生には「落ちる」「すべる」「散る」、結婚式では「別れる」「冷える」「切れる」「戻る」、葬儀では「追う」「再び」「続く」などがそれにあたる。祝宴の席の終了を「お開き」と言うのも「終わる」が忌言葉だからだ。

家や店舗の新築・開店のときには「火」「煙」「焼ける」「倒れる」「閉める」など、火事や倒産を連想させる言葉は使わない。「燃える」も同じで、「店長も燃えています」は「**張り切っています**」「**意欲満々です**」など別の言葉に言い換えたい。

滅相《めっそう》もないことでございます

「滅相もございません」はよく使われるが誤り

仏教に由来する言葉は多いが、「滅相」もその一つで、万物の変化を表す四相《しそう》、すなわち「生相・住相・異相・滅相」からきた。現在が滅して過去に入る相（姿）のことを「滅相」といい、「滅相もない」で、とんでもないとか法外なという意味になる。「滅相もない」は、「願ってもない」や先に紹介した「とんでもない」と同じくこれで一語なのだが、「滅相もありません」「滅相もございません」と言っている人がいる。

正しく言うなら、「**滅相もないことです**」「**滅相もないことでございます**」だ。「願ってもございません」とは言わないことを考えれば、間違うことはないだろう。

ご清聴《せいちょう》ありがとうございました

「ご拝聴ありがとうございました」では最後の最後で大失態

「以上で私の話を終わらせていただきます。ご拝聴ありがとうございました」

講演やパーティでの挨拶やスピーチの締めの文句だが、最後の最後に赤恥をかいている。「ご拝聴」は「ご清聴」としなければマズかった。

「拝聴」は、聞くことをへりくだって言う言葉。聞くのは「自分」だ。「先生のお話、先ほど拝聴させていただきました」などと使う。「清聴」は、相手が自分の話を聞いてくれることを丁寧に言ったもの。聞くのはもちろん「相手」だ。スピーチの後には、**「ご清聴ありがとうございました」「ご清聴に感謝します」**の他、謙譲語と組み合わせて**「ご清聴をたまわりまして～」**と使いたい。

5章

始まったばかりの戦いは「初戦」ではなく、何という？

【似たもの言葉に気をつけよう】

あくが強い

いくら馴染みにくい性格といっても、「悪が強い」ではない

「あの人のあくの強さにはまいったよ」

人の性質や言動、表現などに感じられる、しつこさやどぎつさなどの馴染みにくい性質のことを「**あくが強い**」と言う。漢字で書くと、「あく」は「灰汁」だが、普通は平仮名で書くようだ。「悪が強い」ではない。

「悪に強いは善にも強い」または「悪に強ければ善にも強し」という慣用句があるが、これは、悪事に強い者はいったん改心すると普通以上の善をなす、という意味。こういう強烈な人物がいるとすれば、悪事を働いていたころは、あくの強い人だったかもしれない。

けんもほろろ

「剣もほろろ」だったら剣がボロボロのありさまのようだ

相談や頼みごとをそっけなく断られてしまったとき、「けんもほろろの扱いだった」と言うが、「けん」も「ほろろ」も雉の鳴き声からきたもので、「剣」が「ほろろ」（ボロボロ？）のありさまを言ったものではない。

鳥の鳴き声に意味づけして、たとえば、ホトトギスの鳴くのを「テッペンカケタカ」、コノハズクを「ブッポウソウ」と言ったりするが、「**けんもほろろ**」もその類。雉の鳴き声がどういうわけかそっけなく断るように聞こえたものらしい。

冷淡に断ることを「つっけんどん」と言い、ひどい小言を「剣突《けんつく》」と言うことから、これらの意味と音を混同して「剣もほろろ」と考えた人がいるのだろうが、誤用である。

つましい生活

「つづまやかな生活」はあっても「つつましい生活」はない

ムダな出費や浪費を抑えて質素な生活をすることを「**つましい生活をする**」と言う。これをつい「つつましい生活」と言ってしまいそうになる。

「つましい」は「約しい」と書く。倹約である、生活が地味であるという意味で、一方の「つつましい」は「慎ましい」と書き、遠慮深くて控えめで慎重、何かをしたり、ある状態にあることを知られるのを気恥ずかしく思う、などの意味がある。意味も似ていると言えば似ているが、「つつましい生活」とは普通は言わない。

「約やか」と書くと「つづまやか」と読む。簡潔にするの他に、倹約、質素の意味があるので、「つづまやかな生活」はアリだ。「つつましやかな女性」と言えば、遠慮深くておしとやかな女性のこと。「つつましやかな生活」とは言わない。

高みの見物

「高見の見物」は高所から見ることだから正しいように思えるが誤り

ケンカや火消しに参加しないで眺めていることを「**高みの見物**」と言い、そこから、直接かかわりを持たない気楽な立場を守って事の推移を見ること、といった意味で使われる。中には、当事者の一人なのに「高みの見物」を決め込む能天気な人もいる。

高所からの見物ということでつい「高見」と書いてしまいそうだが、「高み」の「み」は「深み」の「み」と同様、場所を表しているので「見」ではなく「み」である。

どんな集団にも、いつも「高みの見物」を決め込む人が必ずいる。飄々《ひょうひょう》としていると言えば聞こえはいいが、当事者感覚がないのである。自分の家が火事のときも「高みの見物」ですますつもりだろうか。

取りつく島がない

忙しい相手だからといって「取りつく暇もない」なんて言ってはいけない

「あの人は忙しいけれど、これを引き受けてくれるか相談してみたら？」と勧められて、「いや、つっけんどんで取りつく暇もないよ」と返事をしたら、これは誤り。相手の暇に取りつくスペースがあるようで、おかしな話だ。相手にけんもほろろにされるようなときは、**「取りつく島がない」**と言う。

「取りつく」というのは、「取りすがる」という意味。「取りつく島がない」というのは、広い海で船を寄せてすがる島もないところから、「相手がつっけんどんで話を進めるきっかけが見つからない」ことを言った慣用句である。また、これには「頼りとしてすがる手がかりもない」という意味もある。

前車《ぜんしゃ》の轍《てつ》を踏む

「前者の轍を踏む」でいいようだが大きな間違いがある

前の人が陥った失敗を繰り返すことを「ぜんしゃの轍を踏む」という。前人が陥ったのだから「前者の轍」でいいように思うが、「轍」でなく「足跡」ならそれでいい。人が残すのは足跡だからだ。

しかしここはあくまで「轍」なのだ。「轍」は「わだち」とも「てつ」とも読み、車輪の跡のことである。「輪立ち」とも言うことがあるが、こっちのほうが意味がストレートに伝わるかもしれない。前に通った車の轍をそのままなぞることから、「**前車の轍を踏む**」が正解。

「轍」といえば、「轍鮒《てつぷ》の急」という言葉もある。車の轍に溜まったあるかないかの水の中で鮒《ふな》があえいでいることから、急を要する状態を指す。日本でも昭和の時代には、川が氾濫して未舗装の道路の凸凹に川魚が取り残されることがよくあった。轍を見たことがない現代人には、水溜まりの金魚とでも言ったほうがわかりやすい？

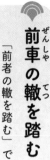

居《い》丈《たけ》高《だか》

椅子から立ち上がって怒るから「威丈高」でいいようだが、本当は違う

パソコンのワード辞書には「威丈高」も入っているが、正しくは「**居丈高**」。「威丈高」も「威猛高」も本来は間違い。なぜなら、その意味は、居丈を高くして激しく怒ることであり、「居丈」とは座っているときの背の高さだからである。座高だ。相手に激しい怒りをぶつけるとき、正座している尻を浮かせ座高を高くしてものを言うので、その様子を「居丈高」と言ったのである。「威丈高」や「威猛高」の「威」も「猛」も激しさを表しているのだろうが当て字である。

もっとも、椅子生活では立ち上がって怒るので、「威丈高」でいいという意見もある。しかし、正しい日本人は正座をし、向かい合って「居丈高」に怒るのである。

蜿蜒《えんえん》長蛇の列

「延々長蛇の列」ではちっとも「長蛇」らしくない？

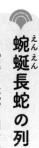

「延々三時間半におよぶ試合時間」などと使われる「延々」はもちろん正しい。このときの「延々」は、いつ終わるのかわからぬほどものごとや人の話が続く様子、の意味だから。

ところが「長蛇の列」。こちらも列が長く続くので「延々」でもいいのでは、と思いがちだが、そうはいかない。「長蛇の列」となれば必ず「蜿蜒」でなければならない。なぜならば、「蜿蜒」はヘビが蛇行するさまを表す言葉だからだ。つまり、列が長くうねり曲がって続くありさまを「**蜿蜒長蛇の列**」と言うのである。

有頂天になる

「有頂点になる」では、まだまだと言われてしまうのがオチ合格発表の掲示板を見るときくらいドキドキすることはない。受験番号を発見して有頂天になってしまうのはいたしかたないところ。しかし、喜びが「頂点」に昇りつめたからといって、「有頂点になる」のは間違いである。

「有頂天」は仏教用語からきた言葉で、仏にもっとも近い世界のこと。世界は下層から欲界、色界、無色界の三界からなっており、上に行けば行くほど仏の世界に近づくのだが、「有頂天」はこの無色界の最上層にある「天」のことだから、われわれのいる欲界の「頂点」などとは比較にならないほど高いところにある。そんな想像をはるかに超える高いところにまで喜びが舞い上がることを、「**有頂天になる**」と言う。並大抵の喜びではないのである。

舌先三寸《したさきさんずん》

あの人はいつも「口先三寸」だから信用できない、と言ってはみたものの

調子のいい話をペラペラまくし立てる人のことを「口先三寸」と言ってしまうことがよくある。言ってしまった後も、間違いに気がつかない。ペラペラの話が出てくる

のが「口」からだからついつい「口先」と思ってしまう。しかし、考えてみれば、口の先三寸には何もないのだからおかしいことはわかる。言葉は口から発せられるので、どうしても「口」と結びつけたくなるが、**「舌先三寸」**と言わなくてはならない。

これとよく似た間違いに「口を濁す」がある。正しくは「言葉を濁す」だが、その場限りの言い逃れをするというニュアンスの「お茶を濁す」と混ざり合ってこんな新表現が生まれたのだろう。

おざなり

「あの仕事、なおざりにしてしまいました」と言い訳しては後が怖い

「あの仕事、**おざなり**にやったな」と上司が部下を叱る。これは、適当に通りいっぺんのことをやっただけだな、と不機嫌になっている。ところが、「あの仕事、なおざりにしたな」となれば、これは「叱る」よりも怒っている状態だ。「なおざり」というのは、いい加減にするという意味だからだ。ちなみに「お座《ざ》なり」であり、「等閑《なおざり》」である。

「おざなり」と「なおざり」、どちらもほめられるものではないが、「おざなり」のほうが言い訳ができるのであり、とくに部下の立場としては、使い分けをきちんとしておくこと。頭が混乱して、「はい、なおざりにしてしまいました」と答えれば、手を抜いてサボっていたことになり、後が怖い。

一炊《いっすい》の夢

故事を知っていれば「一睡の夢」が間違いであることはすぐわかる

「一睡の夢」は、短い眠りの間に大金持ちになる夢を見たが、目がさめるともとの貧乏な自分だった、人生の栄枯盛衰ははかない、という意味で使っていると思われるので間違いではないが、この話には原典があり、**「一炊の夢」**でなくてはならない。

唐の盧生《ろせい》という青年が邯鄲《かんたん》という町である老人に会い、思いがかなえられる枕を借り、栄華を極める夢を見る。しかし、目がさめると、栄華の夢は、眠る前にかまどにかけた粟飯がまだ炊き上がらないほどの短い時間のことだった。

そこから「一炊の夢」というが、「一炊」と「一睡」の読みが同じなので「一睡の夢」と間違えやすい。「邯鄲の夢」「盧生の夢」とも言うが、「一睡の夢」はない。

利《き》いたふうなこと

「聞いたふうなことを言うな！」では相手を叱ったことにならない

「きいたふうなことを言う」という言い回しをよく耳にするが、使っている人に文字で書いてもらうと、おそらく「聞いたふうなことを言う」と書く人がほとんどではないだろうか。

どこかで小耳に挟んだことを、詳しく知っているような顔で講釈することだが、その態度がいかにも生意気に思えるとき、このセリフが吐かれる。聞きかじった知識を振り回すことと勘違いして「聞いたふう」となるが、「**利いたふう**」が正しい。

「利く」は、「目が利く」「鼻が利く」「耳が利く」「気が利く」の「利く」だから、よく働く、ということだが、古くは、事に巧みである、ものごとによく通じている、という意味があった。

半可通《はんかつう》な知識を戒《いまし》めるときに使う。

見得《みえ》を切る

「見栄を切る」では全然ポーズが決まらない

現在使われている言葉には歌舞伎からきたものも多い。「**見得を切る**」もその一つだ。演目の見せ場で、役者が一瞬動きを止めて目立つポーズを取ることを「見得」と言った。とくに動きが大きいものは「大見得《おおみえ》」。「見得を切る」はこのポーズを決めることを言う。この言葉が一般にも浸透して、「あんなに大見得切って大丈夫かい」などと使うようになった。相手に対して自分を誇示するような態度を取る、という意味で使われている。

「見得」の同音異義語に「見栄」がある。「見栄を張る」という慣用句があるが、他人を意識して、自分をよく見せようとうわべの体裁を繕うことだ。こっちの「見栄」のほうが使用頻度

が高いので、「見得を切る」を「見栄を切る」とうっかり誤記しやすい。「大見栄を張る」とも言わないので注意したい。不況のこのご時世、商談中に「見栄を張りながら大見得を切る」という人は少なくないかもしれない。

さばを読む

自分の年齢を実際より少なく言うから「さばを言う」は間違い

女性の中には、自分の年齢を実際の年齢よりも少なく言う人もいる。体重の場合もそうかもしれない。何かしら実際の数字は都合の悪いことが、ままある。自分の利益になるように、数をごまかすことを「**さばを読む**」と言う。ごまかした数を言ったからといって、「さばを言う」ではない。

「さば」は漢字で書くと「鯖」で、「さばを読む」が「数をごまかすこと」を指すのは、魚の鯖は傷みやすいので、数えるとき急いで数を読み、実際の数をごまかすことが多かったというところからきている。「読む」は数える意味で、鯖の数を数えなければならないので、「さばを言う」ではなく、「さばを読む」となる。

確信犯

悪いことだとわかっていてあえて罪を犯す者のことではない

「わざと車をぶつけてきたから、やつは確信犯だ」というように、悪いことだとわかっていてあえて罪を犯した者、という意味でよく使われる「確信犯」だが、これは本来の意味とは違う。

「**確信犯**」とは、政治的、思想的、宗教的信念に基づき、自らの行為を正しいと信じて（確信して）罪を犯す者のことを言う。政治犯や思想犯、国事犯などがこれにあたる。「あいつは国家や社会に不利益を与える国民の敵だ」などと信じて政治家を暗殺したりする犯罪者が「確信犯」。

犯罪になるとわかっていて違法行為を行なった者を指すなら、「故意犯」のほうが意味は近い。「確信犯的」という言い方も増えている。「私は確信犯的に元カレの前でいまの彼といちゃついて見せた」などが一例。こちらも「確信犯」同様、使う人が多くなり、許容されてきていると言えるかもしれない。

先立つ不孝

遺書に「先立つ不幸をお許しください」では親も不幸すぎる

子どもが親より先に死ぬことは最大の親不孝だと言われる。急病や不慮の事故などで死去した場合も「親不孝だ」と責められてしまうのかどうかはわからないが、自殺なんて図られたら親としては無念の極みだろう。

自殺をする者の遺書にはこのような決まり文句が書かれる。

「お父さん、お母さん、先立つ不幸をお許しください」

親は不幸である。無念である。せめて遺書は正しく書いてほしかった……。

「先立つふこうを――」は「不幸」ではなく、「**不孝**」でなくてはならない。

一堂に会する

「一同に会したイベント」と書いてはわけがわからない

「最先端の技術が一同に会したイベント、入場者数延べ一〇〇万人」

こんな見出しが雑誌や新聞に躍る。しかし、この見出しはどこかおかしい。間違いがわかるだろうか？「一同」は「一堂」と書くのが正解。単純な誤植ならまだ許せるが、書いた人が本気で勘違いしていたらちょっと恥ずかしい。

「一同」は居合わせた人みんな、仲間や組織の全員のこと。「一同が集結した」「一同賛成」などと使う。「一堂」は同じ場所、同じ建物のことだ。したがって「**一堂に会する**」が正しい。「一同が一堂に会する」は間違いではないが、場所を選びそうだ。

くしの歯が欠ける

人の歯は抜けるでいいが、「くしの歯が抜ける」とは言わない

本来なら切れ目なく続いているはずのものが、ところどころ抜けている状態のことを「**くしの歯が欠けるよう**」と表現する。ところが、「くしの歯が抜けるよう」という間違いが多い。言わんとすることはわかるが、くしの歯は、後ではめ込んだものではなく、歯も含めての原形なのだから、「抜ける」のではなく「欠ける」と正しく使

いたい言葉だ。「抜ける」のは、くしの歯ではなく、人の歯である。いや、人の歯も「欠ける」ことはある。あるいは、「抜ける」のはくしのほうではなく、髪の毛のほうである。

子どものなぞなぞで「くしの歯は何本?」「三十六本」といったものがあるが、くしの歯の数は決まっているわけではない。念のため。

人もある年齢になると、歯が抜け、髪が抜け、最後は「くしの歯が欠けるよう」に、この世からいなくなる。あの人もこの人も……と、友人たちの顔を思い浮かべて、つい「くしの歯が抜けるように」と言ってしまうが、故人を偲《しの》ぶときには、「抜ける」ではなく「欠ける」と言うこと。

有卦《うけ》に入《い》る

「ウケに入る」を「受けに入る」と書いてはまったく意味が通じない

「宝クジは当たるし彼女の心は射止めるし、同期トップの出世だ。アイツはすっかりウケに入っている」などと言う。ツキが回ってきて、やることなすことうまくいくことだ。この「ウケ」を「受け」と誤る例をよく見かけるが、「受けに入る」ではまったく意味が通じない。**「有卦に入る」**が正しい。

「有卦」とは陰陽道という古代中国から伝わった占術で、人の生年に干支《えと》を配して、幸運が続く年回りを占うものだ。この年回りにあたると七年間は幸運が続くという。ただし七年後にはツキが落ちて、五年間不運に見舞われる「無卦《むけ》」に入る。ならしてみれば人生、上り坂もあれば下り坂もあるという教えだから、いまが不調でも悩むことはない。

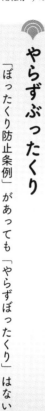

やらずぶったくり

「ぼったくり防止条例」があっても「やらずぼったくり」はない

二〇〇〇（平成十二）年十一月一日より施行された東京都の条例に、いわゆる「ぼったくり防止条例」というものがある。正式名称は「性風俗営業等にかかわる不当な勧誘、料金の取立て等及び性関連禁止営業への場所の提供の規制に関する条例」で、意味はわかりやすいが少々長い。そのためか、ニュースなどでは「ぼったくり防止条例」と通称で呼ばれている。

この「ぼったくり」という言葉、条例名につくくらいにいまや全国区化しているが、じつは多くの辞書には載っていない。もともとは関西地方で使われていた言葉だ。

音が似た言葉に、「ぶったくり」（打っ手繰り）というのがあるので調べてみると、こちらはちゃんと辞書に載っている。暴力などで無理に奪い取る、強奪する、ふんだくる、ひったくる、法外に儲ける、という意味が出ているから、語源は同じかもしれない。「ぶったくり」「ぼったくり」関連で、ときどき「やらずぼったくり」という言い回しを聞くことがある。正しくは「**やらずぶったくり**」。人には与えずにただ取り上げる一方、の意。

ファストフード

手早く食べられるのだから「ファーストフード」は間違い

フライドチキン、ハンバーガー、おにぎり、焼きそばなど、調理もそこそこに食べられる食べ物は「ファストフード」か「ファーストフード」か？　これも混乱があるようで、「ファーストフード」と言っている人をしょっちゅう見かける。「ファースト（first）」は、第一の、一番目の、という意味で、「ファスト（fast）」は、速いとか時間のかからない、という意味だ。

意味がわかれば**「ファストフード」**が正しいとわかる。でなければ昨今流行りの「スロー（slow）フード」の意味がわからない。「スローフード」は「ファストフード」に象徴されるスピード社会に対抗してイタリアで生まれた運動からきた言葉。これは、伝統的な食や特色ある野菜などを守ろう、スピードに束縛されることなくゆっくりした生活を見直そうというもの。あわせて覚えておきたい。

シミュレーション
発音しやすいからといって「シュミレーション」と書くのはどうか

「シミュレーション（simulation）」という英語は日本社会に深く根づいて、日常的に使われている。「模擬」と訳されるが、現実の世界をコンピュータなどで模倣《もほう》的に再現する実験のことを言う。昨今のサッカーブームの中でもよく使われる。ファウルを受けたふりをする行為だ。このシミュレーション自体がファウルの対象になるのはご存じのとおり。

ところがどうかすると、これを「シュミレーション」と発音する人がいる。それも専門家、素人を問わずだ。堂々と「シュミレーション」と書く雑誌もある。和製英語の常で「シミュレーション」を日本では「シュミレーション」とすると決めたのならまだしも、「シミュ」よりも「シュミ」のほうが発音しやすいからそうなったとしか思えない。グローバリズムを唱えるならやや舌がもつれても、正しく「シミュレーション」と言いたいものだ。

緒戦

始まったばかりの戦いのことを指すなら「初戦」は間違い

「緒戦」とは始まったばかりの戦いのこと。「ちょせん」とも読む。それでは「初戦」

は？ これは最初の戦いのことで、次いで二戦、三戦と続く。

「ワールドカップ、日本の初戦の相手はドイツだ」

「ワールドカップ予選最終戦のスペイン戦。緒戦はお互いに様子見で、慎重なパスが続いた」

このように使い分けられる。「端緒」は「たんしょ」「たんちょ」と読む。事の始まりや手がかりのことだ。

受話器

「電話機」だから「受話機」でいいようだが、メカはそう簡単ではない

ご存じのように「**受話器**」は「**電話機**」の一部だ。一つのメカに二つの「き」が使われている。なんとややこしいことだろう。「機」と「器」はどう違うのか。

「機械」「機具」は構造が複雑で比較的大きなものを言い、「器械」「器具」は比較的単純で小さなものを言う。

家庭の中を見渡せば、掃除機、洗濯機、炊飯器、扇風機、受信機、除湿器、加湿器、

電熱器など、器と機の勢力分布は微妙なつばぜり合いを演じている。掃除機と炊飯器では大きさも同じようなものだが、それでも「器」と「機」に分けられる。

これは、「器」にはうつわという意味があるからだ。炊飯器はやはり「機」よりも「器」がふさわしい。なんと言っても食べ物を扱うのだから。除湿器、加湿器はたぶん内部の構造が簡単なのだろう。

武器に当てはめれば、矛《ほこ》とか弓は「機」、兜《かぶと》や鎧《よろい》は「器」にあたるだろう。兜や鎧は人体を収めるものだから、なんとなくこの区別はわかる。

ダントツ
「ダントツの一位」は同じ意味の言葉を繰り返しているだけ

「ダントツのナンバー1」
「ダントツ・トップの売上げを誇るこの商品！」
なんの疑問もなくすんなり読んでしまうこれらの言い回し、日常的に目や耳にする機会も多い。だが、じつはすべて間違った表現なのだ。どこが間違っているのか？

「**ダントツ**」という言葉は「断然トップ」の略で、「断トツ」と書かれることもある。二位以下を圧倒的に引き離してトップにいるという意味で、「ダントツ」そのもので「一位」「ナンバー1」を表しているわけだから、右の言い回しは同じ意味の言葉をわざわざ重ねて使っていることになる。

こういう言い方は重言《じゅうげん》（じゅうごん）といって、表現としてはよろしくない。重言の有名なものでは、「頭痛が痛い」「馬から落馬する」「犯罪を犯す」「スタートから開始」「考えを考察する」「大豆豆」などがある。

熱に浮かされる

「風邪で一晩中、熱にうなされた」は、一見正しいが間違っている

「風邪を引いて、昨夜は一晩中、熱にうなされていた」というセリフは、一見正しい。しかし、本来は、「うなされる」のは「熱」にではなく、「悪夢」にである。

熱には「**浮かされる**」のであって、よく似ているから要注意だ。「浮かされる」のは、他にも、何かに心を奪われてフワフワとしている状態を指し、「女の子に浮かさ

れて仕事が手につかない」という具合に使うのが正しい。

「うなされる」は、「魘される」と書く。「厭」の下に「鬼」と書くのだから、字を見ただけで鳥肌が立ちそうだ。これに比べれば、「熱に浮かされる」のは楽しそうに思えてくるではないか。

後生《こうせい》おそるべし

「後世おそるべし」は、勘違いに気づいていないからおそるべしだ

「後世おそるべし」は「世の中はどう転ぶかわからないので現状に甘んじていてはいけない」といった意味で使っているのだろうが、見当違いである。

孔子の『論語』の中の一節「後生可畏」（後生畏る可《べ》し）が原典で、「後生」とは、後から生まれた者、つまり若者のことである。勝手に「後世」と取り替えてはいけない。「**後生おそるべし**」は、「若者は学問を積み重ねることによって、将来どんな大きな力を発揮するか予想もつかない」ということだ。

辛辣に若者批判をする人に、「理解しようともしないで非難ばかりするのはどうか

な。『後生おそるべし』と言うじゃないか」と使うのが正しい。

懐石《かいせき》

本来は豪華とは対極にある料理のことを言った

創作懐石、フランス風懐石、懐石豆腐。「懐石」とつければ豪華な料理のイメージになると思っているのかもしれないが、「懐石」の本来の意味は豪華とは逆のものだ。

昔、禅の修行僧は空腹をまぎらわせるためにお腹を温かい石であたためた。この石を温石《おんじゃく》と言う。

ここから、空腹を軽くまぎらわせる石ほどの質素な食事という意味が生まれ、茶事で茶を出す前の軽い食事を〝懐の石〟すなわち「**懐石**」と呼ぶようになった。フランス風懐石とは、厳密に言えばフランス風の質素な料理ということになる。「会席」とは大勢の人が集まる席のこ

とで、本来、俳諧や連歌の席のことを言ったが、その席で出される食事を「会席料理」と言うようになった。

国破れて山河あり

「国敗れて山河あり、城春にして草木深し」の間違い探し

杜甫の有名な漢詩「春望」の一節である。「戦いに敗れ、国（長安の都）は滅んでしまったが、山や河や自然は昔のままである。いま、城跡には草木が繁り、春がめぐってきた」という内容だが、中国と日本では「滅ぶ」の意味が違う。

中国で「滅ぶ」とは国家（王朝）が跡形もなく消えてしまうことだが、日本では戦さに敗れることのみを指すのが普通である。

このため、われわれのイメージでは「国敗れる」となるが、中国では国や都が滅亡し消え去る苛酷な運命を「**国破れる**」と表す。ひとたび戦争となったら、敵を完全に滅亡させるまで突き進んでしまうのである。そうした人間の営みを超えて自然は巡り、今年もまた春がやってきたという詩である。

回答

「この件に関しての解答を待つ」では、納得できる答えは得られない

「解答」は、「問題や質問に対する答え」だが、同じ「カイトウ」でも「**回答**」となると、「文書による正式な答え、返事をすること」となり、かなり形式ばってくる。

「解答」は求められる場合があるが、迫られるほどのことはあまりないのではないか。「迫られたり」、一方、これを「渋ったり」、あげくのはてが「蹴られたり」するのはもっぱら「回答」のほうである。「そんな回答は飲めない」とつっぱねられることもあるが、「一発回答」でスッキリ決着することもある。

苦渋《くじゅう》に満ちた

「苦汁に満ちた選択」では、むりやり苦い汁を飲まされる選択のようだ

「苦汁」と「苦渋」、どちらもつらい状況だ。「苦汁《くじゅう》を飲まされる」と言えば、「苦痛

をともなう経験をすること」になる。

では「**苦渋に満ちた**選択」となると、「つらく厳しい状況下での苦しい選択」ということになり、そういう選択をしなければならない人、の表情が見えるようである。

同じように誤りやすい同音異義語に「吸引」と「吸飲」がある。「マリファナ吸引の罪で逮捕」ではもちろん誤り。これではタコが麻薬を吸ったみたいだ。「吸引」は「吸い込むこと」で「吸飲」は麻薬などを吸うこと。だから、コンサートなどでの客を呼び込む力のことは「吸飲力」ではまずい。当然、ここは「吸引力」である。

6章

「牛を引く」「馬を追う」は、どこが間違い？

【言われてみれば気になる日本語】

茶道

「ちゃどう」「さどう」、どちらも正しいなんて、そんな「無茶」な！

昔のお年寄りの中には「喫茶店」を「キッチャテン」と言って若い人に笑われていた人がいた。いや、年寄りばかりではない。学生時代に「茶話会」を「ちゃわかい」と読んで恥をかいた覚えはないか。

「チャ」と「サ」、どうなっているのだ。どちらが正しい？　一般的には「さ」と読んでいれば間違いないように思えるが、実際はそうでもない。「茶菓子」「茶会」「茶坊主」「茶室」「茶掛け」は「ちゃ」である。

こうなると正しい正しくないではなく、慣習に従うのが無難となる。

そこで「茶道」、なんとなく「**さどう**」のほうが上品で正しそうに思われるかもしれないが、「**ちゃどう**」でもまったく問題はない。この際、言葉は一つのルールで決めつけかねる生き物であるところが面白いのだ、とまあ「お茶を濁して」おこう。

明確な正否を出さないからといって、「物書きの物知らず」とか「知ったかぶりの半可通」などと、「茶化したり」「茶々を入れる」ことは控えていただきたいものだ。それは「無茶」というものだ。

牛を追う
「牛を引く」人は牛を知らなさすぎる

アメリカの西部劇では、牛の群れを移動させる場面がよく出てくる。馬に乗ったカウボーイは、後ろに回って牛を追い立てている。

日本では牛の鼻輪に紐《ひも》をつけ柵に結んでいたりするので、移動させるとき、紐を引っ張ると思うかもしれないが、引っ張っても牛は動かない。強く引っ張るとますます動かない。移動させようと思ったら後ろから「**牛を追う**」のである。反対に、馬は背後に回ると蹴とばされる。

馬同士でも、交尾のとき、牡馬は牝馬の受け入れ準備が整うまで周りをぐるぐる回って背後には決して近づかない。危険なのだ。だから、人が移動させるときも手綱を持って「馬を引く」のが正解である。

鳥肌が立つ

感動したときにコレが立つと言う人がいるが、感動したときには立たない

「いやあ、九回裏の逆転満塁サヨナラホームランにはびっくりしました。鳥肌が立ちました」と、ある野球解説者の言葉。「自分の受験番号を見たときには感動しました。○×大学に入学できたと思ったときにはザーッと鳥肌が立ちました」と、ある受験生。

たしかに、感動したときにも、それこそ鳥皮のように肌がブツブツになる体験は誰にもあるだろう。しかし、本来は、「怖いものに出合って」「怖いことをされて」恐怖のあまりにブツブツ肌になるときに、「**鳥肌が立つ**」と言う。焼き鳥の「カワ」が食べられないという人は、昔体験した怖いことを思い出すからであろうか。

ツボにはまる

おかしくて笑ったときに「ツボに入る」と言うが、そんな言い方はないのだ

「この映画、笑えたねー、ツボに入ったよ」というときの「ツボに入る」。このとき、**「ツボにはまる」**とは言っても「ツボに入る」とは言わない。「ツボ」を漢字で書くと「壺」。「壺にはまる」は、要点を突いている、まんまと図に当たる、予想したとおりにものごとが運ぶこと。「壺にはまった意見」「思う壺にはまる」と使う。

「壺」には、梅干や花を入れる入れ物以外に、急所、要点、勘どころ、図星、矢を射るときに狙うところ、三味線の弦を押さえるところ、灸《きゅう》をすえる場所など、多くの「壺」がある。では、「壺にはまる」の「壺」はどの「壺」なのか。一説には、さいころ賭博のときに振る壺のことを指し、思いどおりの目が出ることを「思う壺にはまった」と言った。

十八番
部長の得意芸に「イヨッ、オハコ！」と声をかけるのも間違いではない

課長がマイクの前に進み出て、サザンオールスターズを歌いだした。部下から「イヨッ、じゅうはちばん！」と声がかかった。

課長の得意芸と言っているわけだ。なぜこんなとき「**十八番**」と言うのか？　語源は七代目市川団十郎が選定した「歌舞伎十八番」からきている。市川家は歌舞伎の名門で、「助六《すけろく》」や「暫《しばらく》」という当たり芸を持っていた。その中からとくに十八の演目を選んで、これを「歌舞伎十八番」としたのだ。

ところで「十八番」にはもう一つ別の読みがある。「おはこ」だ。「おはこ」とは「御箱」のことで、「十八番」の台本をふだんは大切に箱に保管していたからとの説がある。

あくどい

悪いやり方には違いないが「悪どい手口」とは書かない

「あくどい商売」「あくどい手口」というときの「あくどい」には「たちが悪い」「悪《あく》辣《らつ》な」というニュアンスがあるので、「悪どい」とついつい書いてしまうが、本当は強調の接頭語の「あ」と「くどい」がくっついた言葉だから「**あくどい**」である。

「くどい」がさらにくどいのだから、本来、色や味などがくどくどしいときに使っていたが、やがて「度を過ぎて」という使い方が生まれ、さらに度を越して「たちが悪い」という意味で使われるようになった。現在は、最後の用法が定着している。「悪」と結びついてしまったものの、「悪い」のではなく「たちが悪い」のだからちょっと違う。

磁器

有田焼を指差して「その陶器いくら？」と言ったら店主がヘソを曲げるかも

骨董に興味を持つ人は多い。各地の神社や公園で土曜市、日曜市が開かれ、古い皿や壺、古民具などを並べた茣蓙《ござ》の前で楽しいやり取りが繰り広げられている。

「おじさん、その陶器いくら？」と娘さん。おじさんは「チッ、なんにもわかっちゃいない」と舌打ちをした。「そこの陶器の大皿よ」「お宝はわかる人にしか売らないよ」

骨董市のかけ合いは楽しいものだが、このおじさんはなぜヘソを曲げたのだろうか。娘さんが指差した大皿が有田焼だったからだ。焼き物には「陶器」「磁器」「土器」などがある。「**土器**」は釉薬《ゆうやく》を用いない素焼きの器物で、「**陶器**」は素地が十分に焼きしまらず、吸水性のあるもの、いわゆる土物と言われるもので、「**磁器**」は素地が十分焼かれてガラス化して透水性がないもの。有田焼や九谷焼《くたにやき》などがその代表だ。娘さんは「そこの大皿」とだけ言えばよかったのに、ちょっと通ぶったのが偏屈なおじさんの気に障ったのだろう（が、おじさんがヘソを曲げるほど厳密ではないという説もある）。

最中《もなか》の月

語源は同じでも「サイチュウの月」とは言わない

月は二十九日周期で満ち欠けする。真ん丸になるのは二十九日間の真ん中、陰暦の十五夜の月だから、満月を「最中の月」とも言うようになった。「**もなかのつき**」と読む。

さて、和菓子の「最中」だ。これはもち米の粉を原料としたものを焼いて皮にして、ちょうど自転車のベルの蓋のような形にしたものを二つ合わせ、その中に餡《あん》を入れたものだ。満月、すなわち「最中の月」に似ているからその名がついた。

「最中」には真ん中とか中心という意味がある。「最中」が真ん中を意味することから、会議などのまっさかりのことを「最中」と言うようになった。読みは「さいちゅう」だが、語源は同じだ。

昔、訪問客が持参する手土産の定番は最中で、子どもたちには人気がなかった。そこで最中を餅と一緒に鍋で煮て、即席のお汁粉にした母親もいたという。和菓子店泣かせの話だ。

お慶《よろこ》び

年賀状に「新年のお喜び」とあったがどれも間違いではない

「謹んで新年のお慶びを申し上げます」という年賀状をもらったAクン。これは「お喜び」の間違いではないかと思った。

たしかに慶應義塾大学の「慶」の字は、「慶弔《けいちょう》」「慶賀《けいが》」「慶事《けいじ》」「慶典《けいてん》」「慶祝《けいしゅく》」「慶《けい》福《ふく》」「大慶《たいけい》」を見るまでもなく「けい」と読む。

だが「慶」には訓読みで「よろこぶ」という読みがある。したがって「新年のお喜び」でもいいし、「**お慶び**」でも間違いでない。強いて言えば「お慶び」のほうが、お祝いの気持ちが強いと言われる。気持ちを強く表したいときは「お慶び」と書くのも新鮮な感じがしてよいのではないかな。

めでたい
「目出度い」でも「芽出度い」でもなく「愛でたい」だった

年賀状などに、「**めでたい**」を「目出度い」とか「芽出度い」と書いてあることがある。これらは当て字なのだが、本来はどう書くのかというと、「愛でたい」と書く。「愛でたい」は、愛し大切にする、いとおしむ、賞美するの意味がある「愛でる」（愛づ）からきた。「愛でたい」と書いたほうが、心からお祝いするという気持ちが伝わってくるように思うのだが、なぜかあまり使われない。

「めでたい」に丁寧語の「お」がつくと「おめでたい」という言葉になる。「おめでたい席」は素直に喜べるが、「おめでたい人」と言われると手放しでは喜べなくなる。

糸瓜《へちま》

「イトウリ」と読んでは正岡子規に失礼だろう

「糸瓜野郎」と言えば、ブラブラしているだけで役にも立たない男のことだ。だが、これは「糸瓜」には申し訳ない言葉で、糸瓜は決して無駄にブラブラしているわけではない。

「糸瓜忌《き》」と言えば明治の俳人・正岡子規の亡くなった日のことで、俳句の季語になっている。子規が死んだのは十七夜（旧暦八月十七日の夜）だった。月が赤々と昇り、糸瓜の葉が夜露で光っていたという。

虚子が碧《へき》梧《ご》桐《とう》に子規の死を知らせようと表に出て、月明かりの中でふと口ずさんだのが「子規逝くや十七日の月明に」だった。子規は重い病にかかり、糸瓜水を薬として飲んでいた。

ところで、「糸瓜」は「唐瓜《とうり》」とも言う。「とうり」の「と」は、いろはで言えば、「へ」と「ち」の間《ま》にあることから「へちま」の名がついたという。「いとうり」という読み方はない。

あなたまかせ

まかせられるのは、キミでもなくてボクでもない

「ここはあなたまかせでいこう」と言われたとき、いったい誰にまかせればいいのか。

「**あなたまかせ**」は仏教からきた言葉だ。真宗や浄土宗では阿弥陀仏のことを「あなた」と呼んだ。そこから、何事も阿弥陀仏の誓願《せいがん》にまかせること、仏の力にすがることを「あなたまかせ」と言うようになった。漢字で書くと「貴方任せ」または「彼方任せ」だ。

いまでは多くの場合、他人に頼ってその人の言いなりになる、なりゆきにまかせる

という意味で使われ、「なんでもあなたまかせで無責任な人ね」などと言ったりする。自分に向かって「あなたにまかせた」と言われたら、天や彼方《かなた》を仰がず、自信を持って「私におまかせください」と答えたい。

言わず語らず

相手が何を考えているかわからないときには使えない

言葉に出さなくとも相手が何を考えているかわかることがある。長年連れ添った夫婦や苦楽をともにしてきた仲間同士などは、何も言わなくても相手に思いが通じることがあるし、逆にそれとなく伝わってくるものだ。暗黙のうちにわかるということで、これを「**言わず語らず**」と表現する。

同様の意味の言葉に「以心伝心《いしんでんしん》」がある。

「彼は言わず語らずを通しているから、何を考えているかわからない」という使い方は明らかに間違いで、これは言い換えるなら、「黙して語らず」だろう。

「言わず語らずのうちに二人の結論は一致していたようだ」と使うのが正しい。

麻《ま》姑《こ》の手

「孫の手」が正しくないなら、背中を掻くあの道具はなんと言うのだ

世の中には妙な物をコレクションする人がいるが、世界各国の「孫の手」を集めているご仁がいる。もちろん日本にもあるが、韓国、中国、ヨーロッパのものもある。

人類、皆、かゆいところに手が届く道具が必要のようである。

ところがこの「孫の手」、本来は「**麻姑の手**」と言う。ちょっと信じられないような話かもしれないが、「麻姑」とは中国の伝説上の仙女。指の爪がとても長く、その指でかゆいところを掻いてもらったらさぞ気持ちがいいだろう、というところに由来するという。

しかし今日では、「孫の手」のほうが圧倒的に優勢ではあるが、「麻姑の手」を知っ

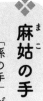

ているとなれば、うんちく博士としてはかなりのポイントかもしれない。

天井《てんじょう》知らず

「キミの才能は天井知らず」という言い方はしない

「天井」と言えば、普通は屋根裏を隠すように部屋の上部に張った板のことを指すが、相場の最高値の意味もある。

物価や相場が高騰してどこまで上がるかわからないことを「**天井知らず**」と言う。「最近、天井知らずに物価が上昇してるねえ」と使う。どこまで伸びるかわからないからといって、「キミの才能は天井知らずだね」とは言わない。言い換えるなら「キミの才能は底知れないね」だろう。

「天井」がつく慣用表現は多い。「天井が抜ける」は多くの人に知られて公然になることだが、「天井抜け」と言えば、限度やとめどがないこと、無遠慮に振る舞うこと。「天井を見せる」は人を苦しめることで、「天井見たか」は、恐れ入ったか、降参したか、という意味だ。

思いのほか

「思いの他、安かった」はついやってしまいがちな書き間違い

「思いのほか安くてびっくり」というときの「**思いのほか**」。漢字で書けるだろうか。

つい「思いの他」と書いてしまいがちだが、正しくは「思いの外」。この言葉が意味する、意外、案外、想像外から連想して、「外」がつくと覚えるといいだろう。

「もってのほか」という言葉もあるが、こちらの「ほか」も同じく「外」。では「もっての」はどう書くのかというと、「以ての」だ。「持っての他」なんて「もってのほか」だが、漢字ではあまり表記しないおかげで、書き間違える人は「思いのほか」少ない。

会心《かいしん》の笑み

気持ちはわかるが「快心の笑み」という言葉はない

「特大のホームランを放った後、ルーキーは快心の笑みを浮かべた」といった文章が何かに書かれてあった。ルーキーのご機嫌な笑顔を見ればこう書いてしまう気持ちもわかるが、残念ながら「快心の笑み」という言葉はない。正しくは「**会心の笑み**」だ。自分の思いどおりになったことに満足して、思わず浮かんだ微笑のことをこう言う。「快心」は、気持ちのいいこと、心持ちのよいこと、「会心」は、心にかなうこと、気に入ることで、「会心の出来」「会心の作」などと使われる。

つかぬこと

いままでの話とつながった話のときには使わない

相手にふいに問いかけるようなときに、「**つかぬこと**」という言葉を使う。漢字では「付かぬ事」と書き、「つかぬことをおうかがいしますが」と使う。それまでの話とは関係のないこと、出し抜けのこと、突飛なことの意味がある。

「突然つかぬことを申しますが、いまのお話は要するにこの資料に書いてあることと同じですね」と言った人がいたが、このセリフには二か所の間違いがある。

「つかぬこと」そのものに「突然」の意味があるのだから、「突然」はいらない。そもそも、「いまの話」とつながった話に「つかぬこと」を使っていること自体が間違いである。この場合は素直に、「いまのお話は〜」と切り出せばよい。

消化器官

「消化器管」が間違っているとすぐわかる人は相当漢字に詳しい

コンピュータなら自動変換で「**消化器官**」が出るので間違わないが、手書きになると「消化器管」と書く人が結構いるのではないか。間違って覚えていても、コンピュータでは一字一字確認しないので気がつかないだろう。

消化器官は「管《くだ》」になっているから、当然、「消化器管」と思い込んでしまっている。「器官」とは生命体の組織が集まって一定の働きをするもののこと、また「官」は体の部分を表す言葉である。

気管は「くだ」なので「管」だが、消化器官の「官」は「くだ」という意味ではない。では、「三半規管《さんはんきかん》」はこれでいいだろうか。答えは、平衡感覚をつかさどる「半規管」が三つということだからこれで正しい。「三半規官」ではない。

かき入れどき

「お客」や「代金」を掻き入れるのではない

「かき入れどき」は、商売繁盛で忙しいのである。正月飾りを売る店は年末がそうだし、雛人形の店はひな祭り前がそうだろう。そのとき何を「かき入れる」のか。われわれはすぐ「お客」や「代金」を掻き入れると思ってしまうがそうではない。

忙しいかい？
若だんな、かき入れどきでございます

「かき入れどき」は「書入れ時」と書き、取引を帳面に「書き入れる」のに忙しいのだ。

江戸時代の商家（大店《おおだな》）では客との取引を綿密に記した帳面が商売の大切な財産だった。このため商家の土間には、火事のときに帳面を放り込むためだけの井戸が掘ってあったくらいである。濡れただけなら記録は残る。灰になったらおしまいだ。商取引を帳面に「書き入れる」のは、それほど重要なことだったのである。

片腹痛し

笑いすぎてわき腹が痛いから「片腹が痛い」と言うなら笑止

ばかばかしくて話にならないことをよく「片腹が痛い」と言うが、この言い方はじつはちょっとおかしい。「片腹」とは「わき腹」だろうが、「わき腹が痛い」ことにどんな意味があるのかわからないだろう。

それも当然、「片腹」はもともと「傍ら《かたわ》」だからである。これなら、「**かたはらいたし**」はそばで見ていてもおかしくてたまらない、見ていられないという意味になる。

いつからか、「傍ら」を「カタハラ」と読んで「片腹」と間違い、それがそのまま慣用句となった。「傍らいたし」が「片腹痛し」と誤記されたのだから、それをさらに「片腹が痛い」としたのでは「片腹」が前面に出すぎ、誤記で失われた元の意味がますます失われてしまうことになった。

尾頭付《おかしら》き

「御頭付き」ではめでたくもあり、めでたくもなし

めでたい席に用意される「**尾頭付き**」の鯛だが、ふだん切り身の魚を食べているせいか、めでたい席では頭もちゃんとある鯛が出されるべきと考えて「御頭付き」と思っている人がいる。正しくは、頭から尾まで全部のことだから「尾頭付き」である。

鯛は必ず頭を左、尾を右にしてあるが、これは左を上位と考える日本礼法からきている。右大臣より左大臣が上という考え方である。

さて、「尾頭付き」は上の身を食べ終わったら、骨をはずし、次に下の身を食べる。上の身を食べ、さらに鯛をひっくり返して食べるのは無作法とされる。

「尾頭付き」には、初めから終わりまでまっとうとする

という意味が込められているので、めでたい席で供される。

椀飯《おうばん》振る舞い

「大盤振る舞い」そのものが当て字だったとは驚きだ

盛大にもてなすこと、気前よく食事や金品などを振る舞うことを「大盤振る舞い」と言う。昭和のバブル時代は良くも悪くも、こういうことが日本中のあちこちで日夜行なわれていた。

この「大盤振る舞い」、「大判振る舞い」とか「大番振る舞い」などと間違って書かれることがよくあるが、「大盤振る舞い」そのものが当て字だったと聞いて驚かない人はいないだろう。正しくは「**椀飯振る舞い**」と書き、「おうばんぶるまい」と読む。

江戸時代、一家の主人が正月などに親類縁者を招いてごちそうを振る舞った。その宴のことをこう呼んでいた。

転じて現在の意味になり、漢字も誤表記されたものがいつしか一般化していったようだ。ちなみに「椀飯振る舞い」は新年の季語になっている。

独《ど》擅《く》場《せんじょう》

「独擅場」を「どくだんじょう」と読んではならない

ある人が「独擅場」を「どくせんじょう」と読んだ。普通なら「あ、誤読しているな」と思い、親切な人なら「それはドクダンジョウでしょう」と指摘するかもしれない。

しかし日本語は奥が深い。これは「**どくせんじょう**」が正しい。「擅《せん》」は「ほしいまま、自分の意のままにする」との意味がある。独擅場も同じ意味になるが、これは、擅を壇に読み誤って定着した言葉。

これと似た例に、「病膏肓に入る」の「膏肓」がある。これも普通は「こうもう」と読みならわされているが、正しくは「こうこう」である。

「膏」は心臓の下の部分であり、「肓」は横隔膜の上の部分を言う。病気がここに入ると、かなり重病というわけだ。これくらいのうんちくがスラスラと言えるくらいになれば、日本語が話題の席では、もう、あなたの「独擅場」だろう。

相好《そうごう》を崩す

「ソウコウを崩す」と言っては顔はほころばない

喜ばしいことがあったときや楽しいときに、顔をほころばせて笑うさまや表情のことを「**相好を崩す**」と言う。

「無事に孫が生まれたって連絡があったとき、お父さんが一番先に相好を崩してねえ」などと使うが、これを「ソウコウを崩す」と言っている人が少なくない。「相好」は「ソウコウ」ではなく、「ソウゴウ」と読む。これは、顔つきや顔かたちのことで、仏の容貌の特徴を「三十二相《そう》八十種好《しゅごう》」と呼ぶところからきている。

「ソウコウ」と読むと、親しいこと、仲がよいこと、または友人、親友のことになるので、「ソウコウを崩す」だと意味が大きく違ってくるのだ。

7章

「生蕎麦」はナマソバでなく何と読む？

【意外に知らない日本語アレコレ】

生蕎麦《きそば》

「昼飯はナマソバにしよう」と言われてもそんな食べ物はないのだが

「生足《なまあし》」「生写真《なまじゃしん》」と最近の言葉は生々しい。では、街でよく見かける「生蕎麦」は「なまそば」と読むのだろうか？

これは「**きそば**」だ。「生《き》」とは混じりけのないことを意味する。そば粉だけで打ったそばのことだ。そばは長くつなぐことが難しい。そこでつなぎにうどん粉を使ったり、とろろ芋や

卵の黄身を入れたりする。「二八《にはち》そば」とはそば粉八割につなぎのうどん粉二割で打ったそばのことだ。

「なまそば」では、茹でてないそばみたいで食指が動かない。

ところが「生揚げ」となると、「生」と言いながらちゃんと揚げているわけだから

話がややこしい。「生卵」は「なまたまご」だが、「卵」では生々しいということで「生玉子」と書くこともある。

脆弱《ぜいじゃく》

「そんなキジャクな神経で、この仕事が務まると思うのか」では意味不明

漢字の部分を見て読み間違ったまま思い込んでしまう、という言葉がある。

この「脆弱」や「蒐集」といった例だ。「脆弱」は「きじゃく」ではなく、もちろん「**ぜいじゃく**」。「蒐集」は「きしゅう」ではなく「**しゅうしゅう**」で「収集」と同じ意味。

ある政治家がテレビの取材に「もともとキジャクな経済基盤では――」と言っていて、聞いた瞬間は「キジャク？」と意味不明の言葉だったが、ややあって「あ、これは脆弱の誤りだ」と合点したことがある。

一国のリーダーたる者が、こんな「脆弱」な日本語力では少々心許ない気がする。

手のひらを返す

「きびすを返すように冷淡になった」では嘆いている感じがしない

「事業に失敗したとたん、彼らはきびすを返すように冷淡になった。情けない」世知辛《せちがら》い世の中なのか、金目当ての取り巻きに囲まれていただけなのか、仕事が立ち行かなくなった途端、つきあっていた人の態度が変わった、と嘆いているところのようだが、「人に接する態度を急に変える」ことを「きびすを返す」とは言わない。

「**手のひらを返す**」または「**手の裏を返す**」と言う。

唐の詩人、杜甫に「貧交行《ひんこうこう》」という詩がある。その詩の一句目に、「手を翻《ひるがえ》せば雲と作《な》り手を覆《おお》えば雨となる」とある。手のひらを上に向ければ雲となり、下に向ければ雨となる、そのように世俗の人情は変わりやすいという意味だが、変わりやすい人情や軽薄な人間は、昔から嘆きの対象になる。

「きびす」とはかかとのことで、「きびすを返す」「きびすをめぐらす」とは、後戻りをすること、引き返すという意味だ。

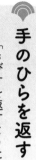

小豆相場《あずきそうば》

「ショウズ相場で大儲けしよう」では間違いなく大失敗

〝赤いダイヤモンド〟を商う「小豆相場」は「**あずきそうば**」で、「しょうずそうば」とは読まない。

「大豆」「小豆島」は、「**だいず・おおまめ**」「**しょうどしま**」となる。「だいず」は読んで字のごとし。「おおまめ」という読み方は一部の地方（青森や新潟）にあるそうだ。「豆」は「まめ」とも読むし、「伊豆」や「納豆」のように「ず・づ」とも「とう」とも読む。

一目でドキッとするくらい違和感を抱くのは「小豆」だ。この「豆」は「ずき」なのだろうか？　どの辞書にもそんな読み方はない。そもそも「小」が「あ」なのも摩訶不思議。

その由来には、江戸時代、赤色の「あ」と、溶ける意の「つき」を合わせ、赤くて煮崩れしやすいことから「あずき」となったなど、諸説があるようだ。

秘《ひ》湯《とう》

「趣味はヒユ巡りです」とは、一体どこに行っているのやら

「趣味はヒユ巡りです」と言う人がいた。この人は「秘湯」を「ひゆ」と読んだのだだが、正しくは当然、「**ひとう**」。したがって「金城湯池」は「**きんじょうとうち**」、「湯治」は「**とうじ**」となる。公衆浴場の「銭湯」は「**せんとう**」だ。

では「給湯」は？　「スミマセンが**きゅうゆじょ**からモップを持ってきてください」と言われて給油所（ガソリンスタンド）まで走った人がいるとかいないとか。こんな混乱が起きそうだが、「給湯」の読みは「**きゅうとう**」だ。

「湯」を「ゆ」と読むケースは、「湯花」の「**ゆばな**」、「湯気」の「**ゆげ**」と数少ない。しかし「温泉」はもちろん「**おんせん**」だ。でも同じ温泉でも「湯泉」と書くと「**とうせん**」となる。

「温泉」はもともと中国からきた言い方で、日本では「湯」「出湯」と言っていた。これを「とう」「しゅっとう」と読むのは間違い。「**ゆ**」「**いでゆ**」が正しい。

八《や》百《お》万《よろず》の神

「日本にはハッピャクマンの神がいる」とはスゴすぎる

「八」は難読語をいろいろ提供してくれる。たとえば「八百万」「八幡船」「八街市」。日本には「八百万の神」がいるそうだが、「はっぴゃくまんのかみ」と言えば騒々しい印象しか残らない。ここは正しく「**やおよろずのかみ**」と読みたい。

「八幡船」は「はちまんせん」と読むのかと思うと、意外やこれが「**ばはんぶね**」「**ばはんせん**」だ。倭寇《わこう》の船や密貿易の船を指す。ただし、まれに「**はちまんぶね**」と読む場合もあるという。

「八街市」は「**やちまたし**」で千葉県内の市名だ。明治時代に開拓された土地で、八番目に開かれた街なのだという。

では、「お八つ」はなんと読むか。そう「おやつ」だ。おやつは「お三時」じゃないの？と子どもでなくても素朴な疑問を抱くが、昔は午後二〜三時ごろのことを「八つ時」と言った。

首が回らない

「人間関係で首が回らないんだ」って、あなたは借金まみれ？

「お世話になったあの人はぜひこうしろと言うし、あの先生はこっちへこいと言うし、別の先生は、とんでもないこっちへこいと言う。どうしたらいいだろう。まったく首が回らない」

こうした世間や人情のしがらみにとらわれることはままあるが、これを「首が回らない」という慣用句では表現しない。断り切れない人間関係で身動きが取れなくなって、首もこわばり回らなくなった、というのではない。こういうときは「がんじがらめ」（雁字搦め）を使うのが適当だろう。

「**首が回らない**」とは、借金などでどうにもやりくりがつかないことを言う。人情のしがらみでお金を貸したところ、返済してくれずにやりくりがつかなくなって困り果てると「首が回らない」となる。忙しい時やてんてこ舞いしている時に「首が回らない」を使うことも誤りだ。

斜《しゃ》に構える

「斜めに構えたやつ」では体を傾けているだけのようだ

「あいつはいつも斜めに構えている」とはときどき耳にするが、「斜めに構える」という言い方はない。正しくは「**斜に構える**」だ。

「斜に構える」は、もともとは剣道で攻めや防御の体勢として刀を斜めに構えることを言う。それが転じて、身構えること、改まった態度を取ることをこう言うようになった。

一般的には、ものごとを真正面から対応しようとしないで、皮肉を込めたりからかったような態度で臨むことを言う。「ものごとを斜めから見る」「本を斜め読みする」などは「斜め」で構わないが、構えるときは「斜《しゃ》」だ。

手持ちぶさた

「手持ちぶたさでまいったよ」とつい言い間違ってしまうけど

たとえばランチを食べに店に一人で入ったとき、食事が出てくるまでの待ち時間をあなたはどのように過ごしているだろうか。スマートフォンを持っていたり、雑誌や新聞が店内に置いてあったらパラパラとめくっていればいいが、手元にも店にもなんにもない場合はどうにも困ってしまう。

このような何もすることがなくて間がもたないこと、所在ない状態のことを「**手持ちぶさた**」という。読み方が似ているため混同してしまいがちだが、「手持ちぶたさ」ではない。

「手持ちぶさた」の「ぶさた」は、「ご無沙汰しました」の「無沙汰」だ。久しく連絡を取っていないこと、知らせがないこと、無音のことを言う。「無沙汰は無事の便り」という言葉があるが、これは、便りや連絡がないということは何も変わったことがない、無事な証拠だ、という意味。

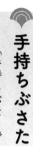

品行方正

「男はヒンコウホウマサが一番！」と明るく言った民宿のおばさん

「男はヒンコウホウマサが一番よ！」と明るい声で言った民宿のおばさんがいた。

一瞬面食らったがすぐに了解した。「品行方正」の「**ひんこうほうせい**」（意味は、行ないがきちんとしていて正しいこと）を最後のところでグレた（？）だけで、これはご愛嬌《あいきょう》。

漢字の熟語の上を音で読み、下を訓で読む「重箱読み」とも言えるが、このおばさんの場合、ずっとそう思い込んでいたようだ。

「品行方正」が虫食い問題（「品□方□」）として出題されたとき、「品川方面」と答えた学生がいた。だいぶグレているようだ。

人の噂も七十五日

「人の噂も四十九日だよ」なんて言ってはバチが当たりそう

人の噂話というのはまたたく間に広がっていくものだ。そうした噂話がどのくらいの日数続くのかというと、「**人の噂も七十五日**」だ。流行も情報もスピード第一の世の中だからといって、「気にするな、人の噂も四十九日だよ」なんて言ってはマズイ。「四十九日」は仏教で言うところの、死んでからあの世へいくまでの間、魂がさ迷っているとされる期間のことだ。

同様に「七十五日」がつくことわざがある。「初物七十五日」というのがそれ。出始めたばかりのものを食べると七十五日長生きできるという意味だ。

駑《ど》馬《ば》に鞭《むち》打つ

「老婆に鞭打ってがんばります」だと冗談にもならない

「駑馬」は歩くのがのろい馬のことだが、そこから才能のない人のことを言う。といっても、自分をへりくだっていうときの謙譲語。「力不足とは思いますが、**駑馬に鞭打って**がんばります」と使う。

「駑馬」を「足がのろい」と覚えていて、その連想から「驢馬《ロバ》」と思い込んでいる人もいる。意味は間違っていないが、「驢馬に鞭打つ」では口調が軽すぎる。さらに、「驢馬に鞭打つ」と聞いたのを「老婆に鞭打つ」と勝手に取り違えている人がいた。

どういう意味か聞いてみたいが、字のとおりなら冗談にもならない。本当は「老骨《ろうこつ》に鞭打つ」と言いたかったのかもしれないが、安易な連想は危ない。

一言居士《いちげんこじ》

「あの人はイチゲンイシだから」では何が何やらわからない

「居士」を「いし」「きょし」と読み間違える人も多い。

「居士」は男性の戒名の下につけられる。女性の場合は「大姉」だが、これを「おおあね」と読んでしまったら死者が浮かばれない。それぞれ正しくは「**こじ**」「**だいし**」

だ。「居士」とは、学問がありながら仕官しない優秀な人や隠者のことであり、仏教では修行する男子のことを言う。「大姉」は婦徳の備わった女性の敬称だ。

「一言居士」は、「**いちげんこじ**」と読むが、何事も一言言わなければ気がすまない人をいう。一言だけなら誰でも学がありそうなことは言える。薄っぺらなやつという皮肉が込められている。

灰燼《かいじん》に帰す

「これで一切がハイジンに帰した」では何のことを言っているのかわからない

「灰」――もちろん「はい」と読む。しかし音読みでは「かい」である。ご存じのように石灰は「せっかい」であり、「せっはい」であるはずがない。しかし、「ハイ」と「カイ」、耳で聴けばかなり似ているためか、「灰燼」を「はいじん」と誤読する例が少なくない。

「灰燼に帰す」は「**かいじんにきす**」と読み、「火事によってすべてが焼けて何もなくなってしまった」ことである。だから、火の気のない場合の「これまでの努力が灰燼に帰す」は誤りで、こちらは「水泡《すいほう》に帰す」だろう。「灰」と「水」であり、こちらも混同しやすい。いずれにせよ、あまり歓迎しかねる言葉だが。

四阿《あずまや》
「公園の中にはシアがあります」は誤りかと言うとそうではない

漢字の中には、想像力では読めない言葉というものがある。知らなくてはまず読めない。この「四阿」などもその一つ。普通は「**あずまや**」と読む。庭園などに、屋根をふいた柱に壁のない休憩所があるが、あのような建物を指す。しかし、これを「しあ」と読んで誤りかといえばノーである。「**しあ**」も正しい。しかし一般にはやはり「あずまや」であり、「しあ」と読めば、「あずまや」と読めないと思われるし、聞いているほうも意味がわからない。

「三和土」――これも知らなければ読めない。「さんわど」？　いや「**たたき**」と読む。土間のことである。土を叩き固めたところからきたのだろう。伝統的な用語には要注意だ。

大佛《おさらぎ》次《じ》郎《ろう》

「横浜には美しいダイブツジロウ記念館がある」と言った人は後できっと赤面する

人の名前は変わった読み方をする場合が少なくない。知らなければ読めなくてもしかたがないとも言えるのだが、ある程度有名な作家、文化人の名となると知らずに大声で言ったりすると恥をかくことにもなる。

「大佛次郎」は、一般には『鞍馬《くらま》天狗《てんぐ》』シリーズの原作者として知られる小説家。晩年は『パリ燃ゆ』などの史伝を著し、文化勲章を受けている。「だいぶつじろう」ではない。

「**おさらぎじろう**」だ。

作家といえば「山口瞳《ひとみ》」。もちろん男性作家である。「瞳」だから女性とは限らない。だから「黒木瞳」という男性がいても不思議ではない。「薫」や「和美」や「芳美」なども男性の

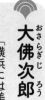

名としても用いられる。

たとえば表札に「若原薫ピアノ教室」とあって家の中から「エリーゼのために」が流れてきたとしても、美しい女性の先生が弾いているとは限らないのだ。

二の句が継げぬ

「先輩のあの言葉には二の句も告げられなかった」と言うが、告げなくてもよい

「二の句」とは何か。これは朗詠の第二番目の句を言う。転じて、ある言葉の後に言う言葉であり、**「二の句が継げぬ」**とは、「次に言う言葉が思いつかず出てこない」状態のこと。だから「告げぬ」ではありえない。

ところで、「あげくのはて」の「あげく」もまた、伝統的な詩歌の世界からの言葉である。「あげく」は「挙げ句」あるいは「揚げ句」とも書くが、連歌、連句の最後にくる句の意味なのだ。だから「あげくのはて」とは、「とどのつまり」に似て、「最後の結果は」という意味になる。

さて、ここで「とどのつまり」だが、これは出世魚ボラの名で、最後は「トド」と

言うので、こちらも「最後は——」の意だが、とかくよい意味には用いられない。「とどのつまりは相手にわびを入れてなんとか収まった」などと言うように。

入水《じゅすい》

「傷心のあまりのニュウスイか?」では緊迫感がないのだが

「入水」——「**にゅうすい**」とも読む。この場合は「単に水泳などで水の中に入ること」。「入水《にゅうすい》前にはよく準備運動をして」などと使われる。

しかし「自殺」となれば、「じゅすい」である。この場合の「入水」は、「川や海などに身を投げて自殺すること」だから。

ところで「入」という文字、なかなかやっかいで、「一入」——これをなんと読むか。「ひといり」でも、もちろん「いちにゅう」でもない。「**ひとしお**」なのだ。「喜びもひとしお」の「ひとしお」。

もともと染め物を染料に入れるところからきた言葉だという。語源がわかれば、日本語の楽しみも一入というわけだ。

野《や》に下《くだ》る

「ヤにサガッた元政治家の豪遊生活」には腹が立つがちょっと違う

官職を退いて民間の生活に入ることを「**野に下る**」という。「野」は自然のままの野原のことだが、国の職に就かないこと、民間、の意味もある。「在野」は公職に就かず、民間にいることで、その民間に下ることが「野に下る」。「下野《げや》する」も同じ意味だ。

この「野に下る」を「のにくだる」「のにさがる」などと読んではいけない。民間を指すときの「野」は「や」であって「の」ではない。ただ、「やにさがる」と読んでしまうと、なんとなく、天下った元政治家が、多額の役員報酬をもらって脂下《やにさ》がっているようなイメージが湧いてしまう。「脂下がる」は気取って構えること、得意気になってにやにやしているさまを言う。

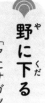

8章

「天地無用」は逆さまにしても大丈夫ってホント？

【ウッカリ間違えやすい四字熟語】

傍目八目《おかめはちもく》

「はためはちもく」でもなければ「そばめはちもく」でもない

他人の恋人に惚れることを「傍惚《おかぼ》れ」と言い、自分には関係ないのに他の男女の仲がいいのを妬むことを「傍焼《おかや》き」と言うように、「傍」は他の字とくっついて「おか」と読ませることがよくある。「**傍目八目**」もその一つで、囲碁を傍で見ている人は対局している人より八目も先が読めるという意味。そこでやいのやいのと言うと「うるさい！」と一蹴《いっしゅう》される。

ここから、当事者より第三者のほうがものごとの本質、良し悪しはよくわかるという意味になったが、同時に、「わかっても軽々《けいけい》に口出しするものではない」というニュアンスも含まれている。「傍目八目の意見を言わせてもらうと……」と少しへりくだって使う。

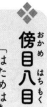

君子豹変《ひょうへん》

おとなしいA君がお酒を飲んだら「君子豹変」で大暴れでは困りもの

「君子豹変」は君子然とした人が、何かの拍子で急に人が変わったような行動を起こすことと思われがちだが、誤り。正しくは「君子は自分の誤りに気づくと、ただちに改めること」である。つまり、本来、否定的な意味ではなく、肯定的な意味に用いた。

では、「君子」の意味は？　これは「君主」＝皇帝や王の意味ではなく、徳が高く品位の備わった人のことを言う。だから、酒を飲んだくらいで豹変、いや、大トラになる〝虎変〟するような輩《やから》は、最初から「君子」などと呼ばれはしない。

五里霧中《ごりむちゅう》

日本語は難しい、と「五里夢中」で夢うつつになっては困る

「五里夢中」――いかにもありそうなイメージの言葉である。夢の中を五里もさ迷い

歩くような、おぼろげな心許《もと》なさ。あるいは、霧の中を夢中になって歩き続ける。気持ちはわからぬではないが、これは誤り。正しくは「**五里霧中**」なのだ。「夢」の中ではなく「霧」の中。だから本来は「五里霧《ごりむ》」の「中」ということになる。

五里四方に深い霧が立ち込めて、方角がまったくわからなくなってしまった状態であり、そこから、「あれこれ迷い、まったく判断ができなくなった」意となる。こうなるともう「暗中模索《あんちゅうもさく》」で、手探り状態、ということにもなる。

弱肉強食

「焼肉定食」は、四字熟語クイズ「□肉□食」の正解ではない

四字熟語クイズは根強い人気がある。正確に言えなくてもどこかで見かけて頭に入っているものだが、「**弱肉強食**」の「焼肉定食」ほどでなくても勘違いで覚えているものもたくさんある。

たとえば、異句同音、意味慎重、厚顔無知、気色満面、公平無視、四離滅裂、絶対絶命、天外孤独、独断先行、粉骨砕心、無我無中、良妻兼母などはどうだろうか。

全部間違いである。正しくは以下のとおり。**異口同音《いくどうおん》、意味深長《いみしんちょう》、厚顔無恥《こうがんむち》、喜色満面《きしょくまんめん》、公平無私《こうへいむし》、支離滅裂《しりめつれつ》、絶体絶命《ぜったいぜつめい》、天涯孤独《てんがいこどく》、独断専行《どくだんせんこう》、粉骨砕身《ふんこつさいしん》、無我夢中《むがむちゅう》、良妻賢母《りょうさいけんぼ》。**

四字熟語には原典があるので正確な文字を使わなくては意味が違ってくる。

百戦錬磨《ひゃくせんれんま》
経験豊かな相手に「海千山千」と言ったらギョッとされるのがオチ

後輩に「先輩は海千山千《うみせんやません》でしょうから……」と言われてギョッとすることがある。相手はおだてて言っているらしいが、「海千山千」には、経験豊富でなんでも知っているという意味の他、したたか、やり手、裏に詳しい、悪賢いといったニュアンスも込められている。海に千年、山に千年住んだ蛇は竜になるという伝説から、いろいろな経験を積み、世間の裏も表もわかった「したたか者」のことを言うが、そこにほんのり「悪の味つけ」がほどこされている。だから、「海千山千」の人には敬意を表しても近づかないのが普通である。

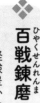

経験豊かで、どんな状況でもくぐり抜けて生き残るような人ならば、「**百戦錬磨**」と言うべきだろう。

自画自賛

「自我自賛」でよいとは、自分をほめるのも度が過ぎやしませんか

自分のことを自分でほめる、「自我自賛」、これでよいのではないか、と言われればそのような気もしてくるが、これも語源を知れば誤りとわかる。「自我」ではなく「自画」なのだ。つまり、自分で描いた絵。

では「自賛」の「賛」はというと、画に添えて書かれた詩や文や歌のこと。掛け軸や屏風《びょうぶ》では、絵は絵を描く人、それに添える詩文は別の人が書くというのが一般的であった。だから、絵も書も一人で書くことを「**自画自賛**」と言い、そこから自分の絵を自分でほめる、さらには、自分のことを自分でほめる、という意味になった。「自画自讃」とも書く。

しかし、あまりに自分に都合のいいことばかり言っていては「我《が》田引水《でんいんすい》」と言われ

かねないし、うぬぼれが過ぎて自慢ばかりしていると後でツケが回ってきて「自縄自縛《じじょうじばく》」ということにもなりかねない。

言語道断《ごんごどうたん》
「げんごどうだん」だなんて「言語同断！」、と思ったらそれも違う

テレビで有名タレントが「げんごどうだん」と言っていた。「言語道断」なら「ごんごどうだん」だ。

さらにテレビの番組で、「言語同断」と書いている有名人がいた。これも間違い。「同断」ではなく「道断」。「道」には「言う」という意味があり、そこから言うことを断つことを「道断」と言うようになった。

「言語道断」はもともとは仏教からきた言葉で、仏教の深遠な教えは言葉では説明できないとい

う意味だった。そこから口で言い表せないことを指すようになり、さらにとんでもないこと、ひどいことをそう言うようになった。

「教師のくせに女生徒に言い寄るなんて言語道断だ」などと使う。

画竜点睛《がりょうてんせい》

「画竜点睛」の「竜」は、天に昇る竜であっても「りゅう」とは読まない

「画竜点睛」は、昔、中国のお寺の壁に竜を描き、最後にひとみを書いたところ、たちどころに竜が天に昇ったという故事からきた。ものごとの大切なところのたとえだ。

「画竜点睛」の「睛」を「晴」と誤記する人が多いが、睛《ひとみ》と晴《はれ》では意味がまったく違う。読みは「がりょうてんせい」が正しい。ならば「竜頭蛇尾」は？　こちらは「りゅうとうだび」となる。

ここでハタと気づいたことがある。幕末の英雄・坂本竜馬は「りゅうま」なのか「りょうま」なのか。「竜」は正しい漢音は「りょう」と読み、「りゅう」は俗音。

当時、江戸ではこれを「りゅう」と読み、京都から西では「りょう」と読みならわ

したと司馬遼太郎の『竜馬がゆく』にある。江戸っ子にとっては「りゅうまさん」、関西人にとっては「りょうまさん」だったのだろう。

◆天《てん》地《ち》無《む》用《よう》

上下逆さにしてもよいと思っていると大変なことになる

「あ、その箱、逆さまにしてはいけないよ」
「天地無用とここに書いてあるから、大丈夫ですよ」

荷物の外側に「**天地無用**」と書いてある場合がある。これは天地、つまり上と下を逆にしてもよいという意味では、ない。その反対だ。上下を逆さまにしてはならないのだ。

「無用」とは必要のないことという意味もあるが、他の語について、「してはならない」という意味を表す。「天地無用」と書かれた箱は、その箱を上下逆さにすることを禁止しているのだ。

運送する荷物の外側に書き記す言葉なので、運送の仕事に従事している人たちは間違わないだろうが、受け取る側も注意しなければ、せっかくのお届けものが台無しになるかもしれない。

また、「天地創造」「天地神明に誓って……」という言葉もあるが、こちらの天地は、上下とは関係なく、文字どおりの「天と地＝宇宙」といった意味であり、スケールが違うのだ。

一蓮托生《いちれんたくしょう》
どこまでも一緒という意味で「一連托生」としたのだろうがちょっと違う

「**一蓮托生**」は「蓮《はす》」という字が入っていることでもわかるように、もともとは仏教用語である。あの世にいっても、極楽往生して、同じ蓮華《れんげ》（仏の世界のこと）に身を託《たく》しましょうという意味。

もとは穏やかな言葉だったが、大正時代に原敬が首相をしていたとき、文部大臣の失言から進退を問われたことがあり、原が「一蓮托生だ」と答えた。そこから一躍有名になり、「みんな同じ責任、同じ運命」という意味で使われ始めた。

いまでは、極楽だけでなく地獄に落ちるときも一緒と過激な使われ方をしているが、本来は穏やかな言葉であったことを知っておいてほしい。「一緒に」ということで「一連」と書きたくなるが間違いである。「一連」は、ひとつながりになっていることで、「オレオレ詐欺など、一連の事件では……」などとニュース解説者は使っている。

興味津々《しんしん》

「興味深々」とは「興味深い」から生まれた四字熟語のつもりだろうか

「津々」は「あふれる」という意味だから、「**興味津々**」は「興味が次々に湧いてきて尽きない」ということになる。これは「興味深い」ことにも通じるので、「興味深々」という字を当てたくなる。

しかし、「深々」ではいろいろなことに広く興味が湧くというニュアンスはないから、やはり「津々」でなくてはならない。

このように音《おん》からの当て字で間違う言葉は案外多い。「いっしんどうたい」を一身同体、「かんぜんちょうあく」を完全懲悪、「きょうこうさいけつ」を強硬採決、「りゅうげんひご」を流言非語などがすぐ思いつくだろう。

正しくは、**一心同体、勧善懲悪、強行採決、流言飛語**である。

温故知新《おんこちしん》

「温古知新」はかなり正解に近いが、それでも誤りは誤り

「**温故知新**」は『論語』からきた言葉だ。「故《ふる》きを温《たず》ねて新しきを知る」ということ。古いものごとを研究して新しい知識を得るという意味だが、よく「温古知新」と書き

間違えられる。

「故」には古いならわしとか昔という意味、あるいは単に古いという意味があるのでこのミスは、ある意味ではしかたがないかもしれない。「故式」は古いしきたりのことで、「古式」ともいうし、「故国」には自分が生まれた国という意味もあれば古くからある国という意味もあるくらいだ。

むしろわかりづらいのは「温」のほうだろう。「温」には「あたたか」とか「おだやか」という意味がある。「温暖」な土地柄とか「温和」な表情と言うではないか。

だが「温」には、「たずねる」という意味もある。「温故知新」の「温故」は古いものごとをたずねることであり、「知新」は新しい知識を得ることとなるわけだ。

馬耳東風《ばじとうふう》

他人の意見や忠告を聞き入れない年長者に「馬の耳に念仏」は使えない

「馬の耳に念仏」とは、「馬の耳は大きいけれど念仏を聞かせても聞こえているのかいないのかなんの反応も示さないのでわからない」ということから、いくら説き聞かせても、何の効果もないことを言う。

「あの人は馬の耳に念仏だから」という言い方は合っている。しかし、問題は「馬」である。この慣用句の「馬」には「念仏のありがたさもわからない輩＝愚か者」といった意味が込められている。

だから、先輩、上司など目上の人に対してこの慣用句は使えない。もし使うなら、「**馬耳東風**」。こちらの「馬」には「愚か者」という意味はない。春風が吹いても感動しないことから、人の意見や批評などを心に留めずに平然とした様子で聞き流すことを言う。「ウチの社長はいつも馬耳東風だから」と使っても誤りではない。

本書は、新講社より刊行された『「恥かき日本語」おもしろ雑学』を、文庫収録にあたり改題したものです。

雑学おどろき学会（ざつがくおどろきがっかい）
世の中で起こるあらゆる現象を好奇の目で見つめ、「誰もが知っていることをもっと深く」分析し、「なんでもない話の裏にある意外な真実」などをこれまでにない視点から眺め、わかりやすく解説している執筆集団。
著書に『幕末・明治維新が10倍面白くなる人物伝』、同じメンバーによる「日本語雑学能力協会」名義で『日本語おもしろ雑学練習帳』『知ってるようで知らない語源クイズ』（以上、新講社）がある。

知的生きかた文庫

知《し》って得《とく》する
日本語《にほんご》なるほど雑学《ざつがく》

編著者　雑学《ざくがく》おどろき学会《がっかい》
発行者　押鐘太陽
発行所　株式会社三笠書房
〒一〇二-〇〇七二　東京都千代田区飯田橋三-三-一
電話〇三-五二二六-五七三四〈営業部〉
〇三-五二二六-五七三一〈編集部〉
https://www.mikasashobo.co.jp
印刷　誠宏印刷
製本　若林製本工場

ISBN978-4-8379-8802-1 C0130

知的生きかた文庫

大人気クイズ作家が教える！10秒雑学

日髙大介

TVで活躍中の人気クイズ作家が、年間約1万問のクイズを作る中で大反響だったネタだけを厳選！　ひとネタ10秒で、定番知識から最新エンタメまで完全網羅した一冊！

時間を忘れるほど面白い雑学の本

竹内　均【編】

1分で頭と心に「知的な興奮」！　身近に使う言葉や、何気なく見ているものの面白い裏側を紹介。毎日がもっと楽しくなるネタが満載の一冊です！

アタマが1分でやわらかくなるすごい雑学

坪内忠太

「飲み屋のちょうちんは、なぜ赤色か？」「朝日はまぶしいのに、なぜ夕日はまぶしくないか？」など、脳を鍛えるネタ満載！　どこでも読めて、雑談上手になれる1冊。

日本語おもしろ雑学

坪内忠太

つまらないことを、なんで「くだらない」というのだろう？　総スカンの「スカン」とは？　つい時間を忘れて読んでしまう、簡単そうで答えられない質問286！

思わず誰かに話したくなる鉄道なるほど雑学

川島令三

路線名から列車の種別、レールの幅までウンチク満載！　マニアも驚きのディープな世界を、鉄道アナリストの第一人者が解説。鉄道がますます好きになる本！

C50456